U0617813

21世纪立体化高职高专规划教材·财经系列

新编财务会计实训

（第2版）

赵　宇　张　瑶　周炳伟　主　编

刘　琳　桂玉敏　杨　倩　袁　园　高　阳　副主编

李金茹　主　审

電子工業出版社

Publishing House of Electronics Industry

北京·BEIJING

内 容 简 介

本书以《中华人民共和国会计法》及2006年颁布的《企业会计准则》为主要依据，体现了最新颁布的税法的重要内容和原则，在编写过程中走访了多家企业及金融机构，收集了大量真实的企业业务交易案例及交易凭证，借鉴了部分同类教材。本书包括14个项目：货币资金实训，应收及预付款项实训，存货实训，对外投资实训，固定资产实训，无形资产实训，投资性房地产实训，非货币性资产交换实训，负债实训，借款费用实训，债务重组实训，所有者权益实训，收入、费用和利润实训，财务会计报告实训。

本书突出对财务会计理论的实际运用，旨在加强学生实际操作的能力，提高学生运用会计基本技能的水平，也是对其所学会计专业知识的一个检验。本书与财务会计理论教材结合使用，可使学生全面掌握财务会计理论在会计实务中的运用，实现理论与实践的零对接。

本书适合各类高等职业院校、高等专科学校、成人教育高等专科学院和本科院校二级职业学院会计专业学生使用，也可供企业会计从业人员及各类自学者使用。

图书在版编目(CIP)数据

新编财务会计实训 / 赵宇，张瑶，周炳伟主编. --2版. --北京：电子工业出版社，2014.12
21世纪立体化高职高专规划教材·财经系列
ISBN 978-7-121-24775-0

Ⅰ.①新… Ⅱ.①赵… ②张… ③周… Ⅲ.①财务会计-高等职业教育-教材 Ⅳ.①F234.4

中国版本图书馆CIP数据核字(2014)第268634号

策划编辑：贾瑞敏　张思博
责任编辑：贾瑞敏　　　　特约编辑：许振伍　胡伟卷
印　　刷：北京七彩京通数码快印有限公司
装　　订：北京七彩京通数码快印有限公司
出版发行：电子工业出版社
　　　　　北京市海淀区万寿路173信箱　　邮编100036
开　　本：787×1 092　1/16　印张：19.25　字数：530千字
版　　次：2010年3月第1版
　　　　　2014年12月第2版
印　　次：2018年11月第5次印刷
定　　价：39.50元

凡所购买电子工业出版社图书有缺损问题，请向购买书店调换。若书店售缺，请与本社发行部联系，联系及邮购电话：(010) 88254888，88258888。

质量投诉请发邮件至zlts@phei.com.cn，盗版侵权举报请发邮件至dbqq@phei.com.cn。

本书咨询联系方式：电话010-62017651；邮箱fservice@vip.163.com；QQ群427695338；微信DZFW18310186571。

第2版前言

财务会计是现代企业的一项重要的基础性工作，它通过一系列会计程序，提供对决策有用的信息，并积极参与经营管理决策，提高企业经济效益，服务于市场经济的健康有序发展。随着经济的发展，企业面临的业务种类越来越多，越来越复杂，并且企业公众化的程度大大加强，这就使会计信息的使用者对信息质量提出了更高的要求，同时也对会计人员提出了更高的要求。高职高专会计专业的培养目标是培养我国社会主义建设所需要的具有一定政治思想觉悟，诚信、敬业的良好职业道德素质，熟悉国家的财经法规，系统掌握会计理论和会计实务的高素质技能型人才。针对以上目标，本书以企业对会计人员素质的需求为导向，以最新颁布的《企业会计准则》为依据，完全按照企业会计处理的流程及使用的资料来安排实训案例，达到理论与实践零对接的目的。

财务会计是操作性很强的一项工作，要想做好这项工作，仅有扎实的理论知识是远远不够的，更重要的是如何将理论知识恰当地用于实践中。基于这种认识，我们编写了《新编财务会计实训（第2版）》。本书的编者均是教学和科研第一线的“双师型”骨干教师，具有丰富的教学和实践工作经验。

本书在编写过程中极力做到内容简明扼要、结构安排合理，具体有以下6个特点。

1. 内容新颖。本书以财政部颁布的《企业会计准则》为主要编写依据，并体现了最新颁布的税法的重要内容和原则。本书的银行票据样式均为现在正在使用的2010版银行票据凭证。

2. 校企联合，案例真实。在编写过程中，编者走访了多家企业及金融机构，收集了企业大量的真实的业务案例，以实例揭示现代企业出纳在工作中可能会遇到的各类问题，以供学习者借鉴。本书的全部案例由上市公司高级财务人员进行审核，确保其与企业真实业务的吻合。

3. 形式仿真。本书是以账簿的形式反映期初余额、以原始凭证的形式反映经济业务，而不是以文字的形式反映相关信息，这样的形式完全符合企业工作的实际情况，更能帮助学生认知真实的企业。

4. 操作性强。本书的理论知识深度适中，实务操作性强，适用于高职高专层次的学生，能够满足对高职高专学生的培养目标，即理论实用，注重能力培养。

5. 教学资源丰富。本书配有详细的电子课件（包括业务描述、业务分录、记账凭证、会计账簿、会计表证），凡使用本书作为教材的学校和教师可向出版社索取以上资源，具体方法参见书后教学资源索取表。

6. 适用面广。本书适合各类高等职业院校、高等专科学校、成人教育高等专科学校和本科院校二级职业学院会计专业学生使用，也可供企业会计从业人员的培训及各类自学者使用。

本书由天津科技大学的赵宇、张瑶，广州女子职业技术学院的周炳伟担任主编；由北京农业职业学院清河分院的刘琳，河南工业职业技术学院的桂玉敏，天津科技大学的杨倩，湖南理工职业技术学院的袁园，天津天药药业股份有限公司的高阳担任副主编；由天津科技大学的李金茹担任主审。全书由赵宇提出编写大纲，并负责全书初稿的修改，张瑶负责全书文字的修改、润色。企业财务人员高阳负责全书案例的审核、校对。具体分工为：项目一、项目十一由杨倩编写；项目二、项目十四由赵宇编写；项目三由金婉珍编写；项目四由周炳伟编写；项目五、项目十二由桂玉敏编写;项目六、项目八由刘琳编写;项目七由袁园编写;项目十三由方建新编写;项目九、项目十由张瑶编写。

本书在编写过程中参阅了部分同类教材,走访了多家企业,得到了多家企业和同人的支持和帮助,特别得到了电子工业出版社的大力支持与帮助,在此一并表示感谢!

尽管编者为编写此书付出了很多努力,但由于理论水平和实践经验有限,加之时间仓促,书中难免有错漏之处,殷切希望广大读者批评指正,以便修正完善。

编　者

请注意:本教材有配套的教学资源,为保证教学秩序,选用此教材的学校,请仔细阅读书后所附教学资源索取表;通过网站和书店零购的读者,请提供购书凭证——发票、购买地点等购书的详细信息索取。

第1版前言

会计是现代经济管理的重要组成部分,经济越发展,会计就越重要。随着经济的发展,企业筹集资金的方式越来越多样化,会计信息的使用者对于信息质量提出了更高的要求,同时也对会计人员提出了更高的要求。高职会计专业的培养目标是培养我国社会主义建设所需要的具有一定政治思想觉悟和诚信、敬业的良好职业道德素质,熟悉国家的财经法规,系统掌握会计理论和会计实务的高素质技能型人才。财务会计是会计专业的一门专业课,也是会计专业的核心课程,是会计专业知识结构中的主体部分。本教材以财务会计目标为导向,以最新颁布的《企业会计准则》为依据,完全按照企业会计处理的流程及使用的资料来安排实训案例,从而实现理论与实践的零对接。

财务会计是操作性很强的一项工作,要想做好这项工作,仅有扎实的理论知识是远远不够的,更重要的是如何将所学理论恰当地用于实践。基于这种认识,编写了本教材,其作者均是教学和科研第一线的“双师型”骨干教师,具有丰富的教学和实践工作经验。

本教材在编写过程中尽量做到内容简明扼要,结构安排合理。它具有以下特点。

1. 内容新颖

本教材以2006年财政部颁布的《企业会计准则》为主要编写依据,并体现了最新颁布的税法的重要内容和原则。

2. 形式仿真

本教材以账簿的形式反映期初余额,以原始凭证的形式反映经济业务,而不是以文字的形式反映相关信息。这样的形式完全符合企业工作的实际情况,更能帮助学生认识真实的企业。

3. 业务齐全

本教材除配备了企业经常性业务(如采购、销售等模块)的原始凭证外,还收集了大量非经常性业务(如投资性房地产、非货币性交易、售后回购等模块)的原始凭证,全面囊括了企业发生的各项业务。

4. 操作性强

本教材理论知识深度适中,实务操作性强,更加适用于高职层次的学生,能够满足对高职学生的培养目标,即理论更实用,注重能力培养。

5. 辅助材料丰富

本教材配有详细的答案(包括业务描述、业务分录、记账凭证、会计账簿、会计表证)和电子教案,凡使用本书作为教材的学校和教师均可向出版社索取,具体方法参见书后“教学资源索取表”。

6. 适用面广

本教材适合各类高等职业学院、高等专科学校、成人教育高等专科学院和本科院校二级职业学院的会计专业学生使用，也可供培训企业会计从业人员及各类自学考生使用。

本教材由赵宇、方建新主编，张瑶、桂玉敏、杨倩副主编，李金茹主审。全书由赵宇提出编写大纲，并负责全书初稿的修改，方建新负责全书文字的修改、润色，李金茹负责最终的统稿、定稿。具体分工为：学习情境1、学习情境11由杨倩编写；学习情境2、学习情境14由赵宇编写；学习情境3由金婉珍编写；学习情境4由靳瑞编写；学习情境5、学习情境12由桂玉敏编写；学习情境6、学习情境8由刘琳编写；学习情境7、学习情境13由方建新编写；学习情境9、学习情境10由张瑶编写。

本教材在编写过程中参阅了大量同类教材，并走访了多家企业，得到了多家企业和其他教师的支持和帮助，特别是得到了电子工业出版社老师的大力支持与帮助，在此一并表示感谢！

尽管我们为编写此书付出了很大努力，但由于我们的理论水平和实践经验有限，加之时间仓促，书中难免有错漏之处，恳切希望广大读者批评指正，以便再版时修正完善。

编　者

目　　录

项目一

货币资金实训

实训目标

- 能对库存现金业务进行会计核算及账务处理。
- 能对银行存款业务进行会计核算及账务处理。
- 能对其他货币资金业务进行会计核算及账务处理。

任务一　库存现金实训

案例 1－1　天津滨海股份有限公司库存现金有关资料如下。

期初余额

现金日记账期初余额如账 1－1 所示。

账 1－1

科目名称　*库存现金*

2014年		记账凭证		摘要	对方科目	借方											贷方											借或贷	余额										
月	日	字	号			亿	千	百	十	万	千	百	十	元	角	分	亿	千	百	十	万	千	百	十	元	角	分		亿	千	百	十	万	千	百	十	元	角	分
12	1			期初余额																								借						2	0	0	0	0	0

业务原始凭证

库存现金 2014 年 12 月经济业务原始凭证如原凭 1－1 至原凭 1－3 所示。

实训要求

1. 准备记账凭证 5 张，库存现金日记账 1 张。
2. 根据业务原始凭证编制记账凭证。
3. 根据记账凭证登记库存现金日记账。

原凭 1–1

中国工商银行
现金支票存根
20112345
87654321
附加信息

出票日期 2014 年 12 月 01 日
收款人：杨晓
金　额：1000.00 元
用　途：发放工资

单位主管　　会计

中国工商银行　现金支票　20112345 87654321

付款期限自出票之日起十天

出票日期（大写）贰零壹肆年壹拾贰月零壹日　付款行名称：工行天津市滨海支行
收款人：天津滨海股份有限公司　出票人账号：201－3456789

人民币（大写）	亿	千	百	十	万	千	百	十	元	角	分
壹仟元整						¥	1	0	0	0	0	0

用途 发放工资　密码
上列款项请从
我账户内支付
出票人签章　天津滨海股份有限公司 财务专用章　张宏达印　复核　记账

原凭 1–2

天津滨海股份有限公司现金盘点表

2014 年 12 月 08 日　元

清查项目	单位	账存数			实存数			溢缺数		原因
		数量	单价	金额	数量	单价	金额	溢余	短缺	
现金	元			2850			2670		180	工作差错
审批意见	根据岗位责任制，现金短缺 180 元由出纳赔偿。王正东　2014 年 12 月 16 日									

主管：李财　会计：钱伟红　复核：王吉　出纳：李明

原凭 1–3

天津滨海股份有限公司现金盘点表

2014 年 12 月 16 日　元

清查项目	单位	账存数			实存数			溢缺数		原因
		数量	单价	金额	数量	单价	金额	溢余	短缺	
现金	元			3650			3850	200		经细查，发现少付王新工资 50 元，其余原因不明。
审批意见	现金溢余 200 元，除查明少付王新工资 50 元予以补付外，其余额分做企业收益处理。王正东　2014 年 12 月 16 日									

主管：李财　会计：钱伟红　复核：王吉　出纳：李明

任务二　银行存款实训

案例 1－2　天津滨海股份有限公司银行存款有关资料如下。

期初余额

银行存款期初余额如账 1－2 和账 1－3 所示。

账 1－2

科目名称　银行存款——工行

2014年		记账凭证		摘要	对方科目	现金支票号码	转账支票号码	借方											贷方											借或贷	余额										
月	日	字	号					亿	千	百	十	万	千	百	十	元	角	分	亿	千	百	十	万	千	百	十	元	角	分		亿	千	百	十	万	千	百	十	元	角	分
12	1			期初余额																										借			6	5	6	0	0	0	0	0	0

账 1－3

科目名称　银行存款——建行

2014年		记账凭证		摘要	对方科目	现金支票号码	转账支票号码	借方											贷方											借或贷	余额										
月	日	字	号					亿	千	百	十	万	千	百	十	元	角	分	亿	千	百	十	万	千	百	十	元	角	分		亿	千	百	十	万	千	百	十	元	角	分
12	1			期初余额																										借				8	3	0	0	0	0	0	0

应收账款期初余额如账 1－4 所示。

账 1－4

应收账款

户名：天津达雅服装销售公司　　　　备注＿＿＿＿＿＿

2014年		记账凭证		摘要	页数	借方											√	贷方											借或贷	余额										
月	日	字	号			亿	千	百	十	万	千	百	十	元	角	分		亿	千	百	十	万	千	百	十	元	角	分		亿	千	百	十	万	千	百	十	元	角	分
12	1			期初余额																									借				3	0	0	0	0	0	0	0

应付账款期初余额如账 1－5 所示。

账 1-5

应付账款

户名：天津腾华纺织有限公司　　　　　　　　　　　　　　　　　　　　　　备注＿＿＿＿＿＿

2014年		记账凭证		摘要	页数	借方											√	贷方											√	借或贷	余额										
月	日	字	号			亿	千	百	十	万	千	百	十	元	角	分		亿	千	百	十	万	千	百	十	元	角	分			亿	千	百	十	万	千	百	十	元	角	分
12	1			期初余额																										贷				2	6	0	0	0	0	0	0

业务原始凭证

银行存款 2014 年 12 月经济业务原始凭证如原凭 1-4、原凭 1-5 所示。

实训要求

1. 准备记账凭证 2 张，银行存款日记账 2 张。
2. 根据业务原始凭证编制记账凭证。
3. 根据记账凭证登记银行存款日记账。

原凭 1-4

中国工商银行　进 账 单

2014 年 12 月 02 日

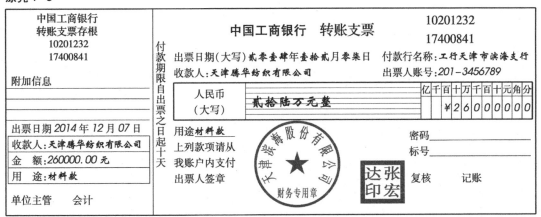

付款人	全　称	天津达雅服装销售公司	收款人	全　称	天津滨海股份有限公司
	账　号	408－23894872		账　号	201-3456789
	开户银行	工行天津市河北路支行		开户银行	工行天津市滨海支行
人民币（大写）	叁拾万元整			千 百 十 万 千 百 十 元 角 分	¥ 3 0 0 0 0 0 0 0
票据种类	转账支票	票据张数	1		
票据号码	15098497				
备注：				复核：	记账：

中国工商银行天津市滨海支行 2014.12.02 业务 转讫

原凭 1-5

中国工商银行转账支票存根	中国工商银行　转账支票
10201232 17400841	10201232 17400841
附加信息	付款期限自出票之日起十天
	出票日期（大写）贰零壹肆年壹拾贰月零柒日　付款行名称：工行天津市滨海支行
	收款人：天津腾华纺织有限公司　出票人账号：201-3456789
出票日期 2014 年 12 月 07 日	人民币（大写）贰拾陆万元整　亿 千 百 十 万 千 百 十 元 角 分　¥ 2 6 0 0 0 0 0 0
收款人：天津腾华纺织有限公司	用途材料款　密码
金　额：260000.00 元	上列款项请从我账户内支付　标号
用　途：材料款	出票人签章　天津滨海股份有限公司 财务专用章　张宏 印达　复核　记账
单位主管　会计	

任务三 其他货币资金实训

案例 1-3 天津滨海股份有限公司其他货币资金有关资料如下。

期初余额

其他货币资金期初余额如账 1-6 至账 1-8 所示。

账 1-6

其他货币资金

户名：外埠存款　　　　　　　　　　　　　　　　　　备注______

2014年		记账凭证		摘要	页数	借方											√	贷方											√	借或贷	余额											√
月	日	字	号			亿	千	百	十	万	千	百	十	元	角	分		亿	千	百	十	万	千	百	十	元	角	分			亿	千	百	十	万	千	百	十	元	角	分	
12	1			期初余额																										平									0	0	0	

账 1-7

其他货币资金

户名：银行本票　　　　　　　　　　　　　　　　　　备注______

2014年		记账凭证		摘要	页数	借方											√	贷方											√	借或贷	余额											√
月	日	字	号			亿	千	百	十	万	千	百	十	元	角	分		亿	千	百	十	万	千	百	十	元	角	分			亿	千	百	十	万	千	百	十	元	角	分	
12	1			期初余额																										平									0	0	0	

账 1-8

其他货币资金

户名：银行汇票　　　　　　　　　　　　　　　　　　备注______

2014年		记账凭证		摘要	页数	借方											√	贷方											√	借或贷	余额											√
月	日	字	号			亿	千	百	十	万	千	百	十	元	角	分		亿	千	百	十	万	千	百	十	元	角	分			亿	千	百	十	万	千	百	十	元	角	分	
12	1			期初余额																										平									0	0	0	

业务原始凭证

其他货币资金 2014 年 12 月经济业务原始凭证如原凭 1-6 至原凭 1-8 所示。

实训要求

1. 准备记账凭证 3 张，三栏式明细账 3 张。
2. 根据业务原始凭证编制记账凭证。
3. 根据记账凭证登记其他货币资金明细账。

原凭 1-6

中国工商银行 电汇凭证(借方凭证) 2

NO.: 200901

□普通 □加急　　委托日期 2014 年 12 月 10 日

汇款人	全　称	天津滨海股份有限公司	收款人	全　称	天津滨海股份有限公司
	账　号	201-3456789		账　号	950693094
	汇出地点	省天津市/县		汇入地点	河南省 郑州市/县
汇出行名称		工行天津市滨海支行	汇入行名称		工行郑州市分行
金额	人民币（大写）	贰拾万元整		亿 千 百 十 万 千 百 十 元 角 分	¥ 2 0 0 0 0 0 0 0
此汇款支付给收款人			支付密码		
（印章：天津滨海股份有限公司 财务专用章）（印章：张宏达印） 汇款人签章			附加信息及用途：开立郑州采购专户		
			复核　记账		

此联汇出行作借方凭证

原凭 1-7

银行本票申请书 （存根） ①

NO.: 000375

申请日期 2014 年 12 月 22 日

申　请　人	天津滨海股份有限公司	收　款　人	天津腾华纺织有限公司
账号或住址	201-3456789	账号或住址	34896079234
用　途	支付前欠货款	代理付款行	工行天津市滨海支行
汇票金额	人民币（大写） 贰拾伍万元整	万 千 百 十 万 千 百 十 元 角 分	¥ 2 5 0 0 0 0 0 0
备注：	（印章：中国工商银行天津市滨海支行 2014.12.22 转讫）	科目______ 对方科目______ 财务主管　复核　经办	

此联申请人留存

原凭1-8

中国农业银行　汇票申请书

申请日期 2014 年 12 月 28 日　　　　序号：

申请人		收款人		天津滨海股份有限公司 财务专用章　张宏印达
户　　名	天津滨海股份有限公司	户　　名	上海东方有限公司	
账　　号 或 地 址	308739009	账　　号 或 地 址	356－987653246	
开户银行	农行洞庭路支行	代　　理 付 款 行		
用　　途	支付原材料欠款			（预留印鉴）
人民币 （大写）	叁拾万元整			亿 千 百 十 万 千 百 十 元 角 分 ¥ 3 0 0 0 0 0 0 0

亿	千	百	十	万	千	百	十	元	角	分
		¥	3	0	0	0	0	0	0	0

日期：　　　　日志号：　　　　交易码：　　　　币种：

金额：　　　　终端号：　　　　主　管：　　　　柜员：

工行滨海分行 2014.12.28 业务转讫

此联申请人留存

制票：　　　　复核：

项目二

应收及预付款项实训

实训目标

- 能对应收票据业务进行会计核算及账务处理。
- 能对应收账款业务进行会计核算及账务处理。
- 能对预付账款和其他应收款业务进行会计核算及账务处理。
- 能对应收款项减值业务进行会计核算及账务处理。

任务一　应收票据实训

案例 2－1　天津滨海股份有限公司应收票据有关资料如下。

期初余额

应收票据期初余额如账 2－1 和账 2－2 所示。

账 2－1

应收票据

户名：天津大通服装有限公司　　　　备注

2014 年		记账凭证		摘要	页数	借方	√	贷方	√	借或贷	余额	√
月	日	字	号			亿千百十万千百十元角分		亿千百十万千百十元角分			亿千百十万千百十元角分	
12	1			期初余额						借	6000000	

注：该账户票据为 2014 年 11 月 30 日收入，期限为 4 个月，年利率为 5% 的商业承兑汇票一张。

账 2-2

应收票据

户名：天津致远服装有限公司　　　　备注______

2014 年		记账凭证		摘要	页数	借方											√	贷方											√	借或贷	余额											√
月	日	字	号			亿	千	百	十	万	千	百	十	元	角	分		亿	千	百	十	万	千	百	十	元	角	分			亿	千	百	十	万	千	百	十	元	角	分	
12	1			期初余额																										借					2	0	0	0	0	0	0	

注：该账户票据为 2014 年 9 月 20 日收入，期限为 3 个月，不带息的商业承兑汇票一张。

业务原始凭证

应收票据 2014 年 12 月经济业务原始凭证如原凭 2-1-1 至原凭 2-3 所示。

实训要求

1. 准备记账凭证 3 张，三栏式明细账 3 张。
2. 根据业务原始凭证编制记账凭证。
3. 根据记账凭证登记应收票据各明细账。

原凭2-1-1

天津增值税专用发票

发票联

No

开票日期:2014年12月01日

购货单位	名称:天津达雅服装销售公司 纳税人识别号:150009876543333 地址、电话:天津市河北路110号 022-60268931 开户行及账户:工行天津市河北路支行 408-23894872				密码区	47/-3947/->59*<818<90 7>/0/433>2*3-0+672<7* 1+-<<51+41+>*>58*8460 7658765<56+*31/58>>00	
商品名称	规格型号	单位	数量	单价	金额	税率	税额
衬衣	jcp	件	1 000	100.00	100 000.00	17%	17 000.00
合计					¥100 000.00		¥17 000.00
价税合计(大写)	⊗壹拾壹万柒仟元整					(小写)¥117 000.00	
销货单位	名称:天津滨海股份有限公司 纳税人识别号:1201117860653155 地址、电话:天津市开发区黄海路109号 022-85556666 开户行及账户:工行天津市滨海支行 201-3456789				备注	天津滨海股份有限公司 1201117860653155 发票专用章	

第二联 发票联 购货方记账凭证

纳税人: 复核: 开票人:刘钱 销货单位(章)

原凭2-1-2

商业承兑汇票 2

10200000
00000001

出票日期(大写)贰零壹肆年壹拾贰月零壹日

付款人	全称	天津达雅服装销售公司	收款人	全称	天津滨海股份有限公司
	账号	408-23894872		账号	201-3456789
	开户银行	工行天津市河北路支行		开户银行	工行天津市滨海支行
出票金额	人民币(大写)	壹拾壹万柒仟元整		亿千百十万千百十元角分	¥11700000
汇票到期日(大写)		贰零壹伍年零叁月零壹日	付款人开户行	行号	408
交易合同号码		569236		地址	天津市和平区河北路1098号
本汇票已经承兑,到期无条件支付票款 天津达雅服装销售公司 财务专用章 印 王云 承兑人签章 承兑日期2014年12月01日			本汇票请予以承兑于到期日付款 天津达雅服装销售公司 财务专用章 印 王云 出票人签章		

原凭2-2

委托收款凭证（收款通知）

邮　　委托日期2014年12月20日　　委托号码　第00322号

付款人	全称	天津致远服装有限公司	收款人	全称	天津滨海股份有限公司
	账号	02-9989056748		账号	201-3456789
	开户银行	工行天津市分行津东分理处		开户银行	工行天津市滨海支行
出票金额	人民币（大写）贰万元整			千百十万千百十元角分	¥2000000
款项内容	商业承兑到期	委托收款凭证名称	商业承兑汇票	附寄单证张数	
备注：		款项收托日期　年　月　日		收款人开户银行签章	中国工商银行天津市滨海支行 2014.12.20 业务 转讫
单位主管	会计	复核	记账		

原凭2-3

利息计算单

日　期	项　目	金额/元
2014年12月	天津大通应收票据	60000×5%÷12×1=250
合计		250

财务负责人：　　制单人：

任务二 应收账款实训

案例2-2 天津滨海股份有限公司应收账款有关资料如下。

期初余额

应收账款期初余额如账2-3至账2-4所示。

账2-3

应收账款

户名:天津达雅服装销售公司　　　　备注________

2014年		记账凭证		摘要	页数	借方											√	贷方											√	借或贷	余额											√
月	日	字	号			亿	千	百	十	万	千	百	十	元	角	分		亿	千	百	十	万	千	百	十	元	角	分			亿	千	百	十	万	千	百	十	元	角	分	
12	1			期初余额																										借				2	0	0	0	0	0	0	0	

账2-4

应收账款

户名:天津致远服装有限公司　　　　备注________

2014年		记账凭证		摘要	页数	借方											√	贷方											√	借或贷	余额											√
月	日	字	号			亿	千	百	十	万	千	百	十	元	角	分		亿	千	百	十	万	千	百	十	元	角	分			亿	千	百	十	万	千	百	十	元	角	分	
12	1			期初余额																										借					8	0	0	0	0	0	0	

业务原始凭证

应收账款2014年12月经济业务原始凭证如原凭2-4-1至原凭2-6所示。

实训要求

1. 准备记账凭证3张,三栏式明细账2张。
2. 根据业务原始凭证编制记账凭证。
3. 根据记账凭证登记应收账款各明细账。

原凭2-4-1

天津增值税专用发票

发票联

全国统一发票监制章 天津 国家税务总局监制

№

开票日期:2014年12月05日

购货单位	名称:天津达雅服装销售公司 纳税人识别号:1500098765543333 地址、电话:天津市河北路110号 022-60268931 开户行及账户:工行天津市河北路支行 408-23894872				密码区	47/-3947/->59*<818<90 7>/0/433>2*3-0+672<7* 1+-<<51+41+>*>58*8460 7658765<56+*31/58>>00	
商品名称	规格型号	单位	数量	单价	金额	税率	税额
夹克	ycp	件	1 000	180.00	180 000.00	17%	30 600.00
合计					¥180 000.00		¥30 600.00
价税合计(大写)	⊗贰拾壹万零陆佰元整					(小写)¥210 600.00	
销货单位	名称:天津滨海股份有限公司 纳税人识别号:1201117860653155 地址、电话:天津市开发区黄海路109号 022-85556666 开户行及账户:工行天津市滨海支行 201-3456789				备注	天津滨海股份有限公司 1201117860653155 发票专用章	

第二联 发票联 购货方记账凭证

纳税人: 复核: 开票人:刘钱 销货单位(章)

原凭2-4-2

折扣申请表

编制单位:天津滨海股份有限公司 2014年12月04日 元

客户名称	货物名称	购买数量	单价	金额	折扣类型	折扣率	折扣后金额
达雅服装	夹克	1000	200	200000	商业折扣	10%	180000
合计		1000		200000			180000

审核意见:同意

销售经理:杨阳 2014年12月04日

经办人:李元 2014年12月04日

原凭2－5－1

天津增值税专用发票

发票联

№

开票日期：2014年12月18日

购货单位	名　　称：天津致远服装有限公司 纳税人识别号：12034565543336 地址、电话：天津市八纬路990号　022－68904309 开户行及账户：工行天津市津东分理处　02－9989056748				密码区	567－3947/－>59*<818<90 3>/0/487>2*3－0+672<7* +－<=－07+41+>*>58*8460 0－=－=765<56+*31/58>>00	
商品名称	规格型号	单位	数量	单价	金额	税率	税额
衬衣	jcp	件	600	100.00	60 000.00	17%	10 200.00
合　计					¥60 000.00		¥10 200.00
价税合计（大写）	⊗柒万零贰佰元整					（小写）¥70 200.00	
销货单位	名　　称：天津滨海股份有限公司 纳税人识别号：120111786065315 5 地址、电话：天津市开发区黄海路109号　022－85556666 开户行及账户：工行天津市滨海支行　201－3456789				备注	天津滨海股份有限公司 1201117860653155 发票专用章	

纳税人：　　复核：　　开票人：刘钱　　销货单位（章）

第二联　发票联　购货方记账凭证

原凭2－5－2

折扣申请表

编制单位：天津滨海股份有限公司　　2014年12月15日　　元

客户名称	货物名称	购买数量	单　价	金　额	折扣类型	折　扣　率	折扣后金额
致远服饰	衬衣	600	100	60000	现金折扣	(2/10,n/30)	—
合　计		600		60000			—

审核意见：同意

销售经理：杨阳　2014年12月15日　　经办人：李元　2014年12月15日

原凭2－6

中国工商银行　进　账　单

2014年12月30日

付款人	全　称	天津达雅服装销售公司	收款人	全　称	天津滨海股份有限公司
	账　号	408－23894872		账　号	201－3456789
	开户银行	工行天津市河北路支行		开户银行	工行天津市滨海支行
人民币（大写）	壹拾伍万元整		千百十万千百十元角分	¥1 5 0 0 0 0 0 0	
票据种类	转账支票	票据张数 1			
票据号码	20153658				
备注：			中国工商银行天津市滨海支行 2014.12.30 业务 转讫	复核：	记账：

任务三 预付账款实训

案例 2-3 天津滨海股份有限公司预付账款有关资料如下。

期初余额

预付账款期初余额如账 2-5 和账 2-6 所示。

账 2-5

预付账款

户名：天津东纺有限公司　　　　备注＿＿＿＿

2014年		记账凭证		摘要	页数	借方											√	贷方											√	借或贷	余额											√
月	日	字	号			亿	千	百	十	万	千	百	十	元	角	分		亿	千	百	十	万	千	百	十	元	角	分			亿	千	百	十	万	千	百	十	元	角	分	
12	1			期初余额																										借					4	6	8	0	0	0	0	

账 2-6

预付账款

户名：天津华昌纺织有限公司　　　　备注＿＿＿＿

2014年		记账凭证		摘要	页数	借方											√	贷方											√	借或贷	余额											√
月	日	字	号			亿	千	百	十	万	千	百	十	元	角	分		亿	千	百	十	万	千	百	十	元	角	分			亿	千	百	十	万	千	百	十	元	角	分	
12	1			期初余额																										借					2	0	0	0	0	0	0	

业务原始凭证

预付账款 2014 年 12 月经济业务原始凭证如原凭 2-7 至原凭 2-8-2 所示。

实训要求

1. 准备记账凭证 2 张，三栏式明细账 2 张。
2. 根据业务原始凭证编制记账凭证。
3. 根据记账凭证登记预付账款各明细账。

原凭2-7

天津增值税专用发票

发票联

No

开票日期:2014年12月06日

购货单位	名 称:天津滨海股份有限公司 纳税人识别号:1201117860653155 地址、电话:天津市开发区黄海路109号 022-85556666 开户行及账户:工行天津市滨海支行 201-3456789				密码区	358=947/->59-<865<90 2>/0/433>2-3-0+672<7* 0+-<=-1-41+>/58*8460 8*765<56+*31/58>0966		
商品名称	规格型号	单位	数量	单价		金额	税率	税额
棉布	pcl	米	500	80.00		40 000.00	17%	6 800.00
合计						¥40 000.00		¥6 800.00
价税合计(大写)	⊗肆万陆仟捌佰元整					(小写)¥46 800.00		
销货单位	名 称:天津东纺有限公司 纳税人识别号:120204637288785 地址、电话:天津市泰安道2940号 022-27489698 开户行及账户:农行天津市泰安道支行 356-987653246				备注			

纳税人: 复核: 开票人: 销货单位(章)

第二联 发票联 购货方记账凭证

（印章：全国统一发票监制章 天津 国家税务总局监制）

（印章：天津东纺有限公司 120204637288785 发票专用章）

原凭2-8-1

中国工商银行
转账支票存根
10201232
17400843

附加信息

出票日期 2014年12月24日

收款人:天津华昌公司

金 额:140400.00元

用 途:棉布

单位主管 会计

原凭2-8-2

申 请

总经理:

我公司研发新产品,需从天津华昌公司购入特种棉布,该棉布国内紧缺,需预付货款,特此申请。

申请人:采购部 郝采

2014年12月20日

同意

朱观

2014年12月21日

任务四　其他应收款实训

案例 2－4　天津滨海股份有限公司其他应收款有关资料如下。

期初余额

其他应收款期初余额如账 2－7 和账 2－8 所示。

账 2－7

其他应收款

户名：职工借款　　　　　　　　　　　　备注＿＿＿＿

2014年		记账凭证		摘要	页数	借方											√	贷方											√	借或贷	余额											√
月	日	字	号			亿	千	百	十	万	千	百	十	元	角	分		亿	千	百	十	万	千	百	十	元	角	分			亿	千	百	十	万	千	百	十	元	角	分	
12	1			期初余额																										借						6	0	0	0	0	0	

账 2－8

其他应收款

户名：存出保证金　　　　　　　　　　　　备注＿＿＿＿

2014年		记账凭证		摘要	页数	借方											√	贷方											√	借或贷	余额											√
月	日	字	号			亿	千	百	十	万	千	百	十	元	角	分		亿	千	百	十	万	千	百	十	元	角	分			亿	千	百	十	万	千	百	十	元	角	分	
12	1			期初余额																										借						2	0	0	0	0	0	

业务原始凭证

其他应收款 2014 年 12 月经济业务原始凭证，如原凭 2－9－1 至原凭 2－10－2 所示。

实训要求

1. 准备记账凭证 2 张，三栏式明细账 2 张。
2. 根据业务原始凭证编制记账凭证。
3. 根据记账凭证登记其他应收款各明细账。

原凭2-9-1

差旅费报销单

2014年12月11日

出差人	张增发	职务	科员	部门	设备处	审批人	李小儒	
出差事由	培训设备操作			出差日期	自2014年11月30日 至2014年12月11日共12天			
到达地点	成都市							
	交通工具				其他	旅馆费	补助	
项目金额	火车	汽车	轮船	飞机	招待	住宿10天	每天标准	合计
	600					1000	100	1200
总计人民币（大写）贰仟捌佰元整								
原借款金额		报销金额		交结余金额 ¥200				
3000		2800		人民币（大写）贰佰元整				

会计主管人员：　　记账：　　审核：　　附单据：3张

原凭2-9-2

01v563268762　　天津　售
天津——→成都　　K388次
2014年11月30日 02:51开　01车08号
全价300.00元　新空调卧铺特快
限乘当日当次车
在3日内有效

原凭2-9-3

01v563269543　　成都　售
成都——→天津　　K386次
2014年12月11日 18:12开　06车08号
全价300.00元　新空调卧铺特快
限乘当日当次车
在3日内有效

原凭2-9-4

成都市旅店专用发票

（印章：国家税务总局 监制章）

旅客姓名：张增发　　2014年12月10日　　成都地税监制　№ 012223

摘要	食宿起止日期	天数	单价	万	千	百	十	元	角	分	备注
住宿	12.1—12.10	10	100		1	0	0	0	0	0	
小写金额合计				¥	1	0	0	0	0	0	
人民币（大写）壹仟元整											

（印章：成都假日酒店 发票专用章）

收款员：王晓刚

原凭2-9-5

收　据

№ 1053008

2012年12月11日

今　收　到：张增发

交　　　来：差旅费余款

金额（大写）：贰佰元整

￥200.00

收款单位签章（印章：天津滨海股份有限公司 财务专用章）

收款人 刘钱

交款人 张增发

第二联　交对方

原凭2-10-1

中国工商银行
转账支票存根
10201232
17400844

附加信息

出票日期 2014年12月11日

收款人：天津鸿运包装材料有限公司

金　额：2000.00元

用　途：押金

单位主管　　　会计

原凭2-10-2

收　据

№ 1053008

2014年12月17日

今　收　到：天津滨海股份有限公司

交　　　来：包装物押金

金额（大写）：贰仟元整

￥2000.00

收款单位签章（印章：天津鸿运包装材料有限公司 财务专用章）

收款人 田野

交款人 李丽

第二联　交对方

任务五　应收款项减值实训

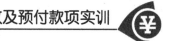

案例 2－5　天津滨海股份有限公司应收款项减值有关资料如下。

期初余额

应收款项减值有关科目余额如账 2－9 所示。

账 2－9

坏账准备

户名：＿＿＿＿＿＿＿＿　　　　　　　　　　　　备注＿＿＿＿＿＿＿＿

2014年		记账凭证		摘要	页数	借方											√	贷方											√	借或贷	余额											√
月	日	字	号			亿	千	百	十	万	千	百	十	元	角	分		亿	千	百	十	万	千	百	十	元	角	分			亿	千	百	十	万	千	百	十	元	角	分	
12	1			期初余额																										贷						2	1	9	0	0	0	

注：天津滨海股份有限公司只对应收账款、其他应收款按照应收账款余额百分比法计提坏账准备，坏账准备率为0.5%。

业务原始凭证

应收款项减值 2014 年 12 月经济业务原始凭证如原凭 2－11 至原凭 2－13 所示。

实训要求

1. 准备记账凭证 4 张，三栏式明细账 1 张。
2. 根据应收账款、其他应收款明细账余额计算本月应提的坏账准备，填写坏账准备计提表。
3. 根据业务原始凭证编制记账凭证。
4. 根据记账凭证登记应收账款、坏账准备明细账。

原凭2-11

坏账损失确认通知

2014年12月06日

由于E公司倒闭，应收E公司贷款100 000元无法收回，向公司领导报批，经批准予以注销。

总经理：朱观　　会计主管：李财
2014年12月06日　　2014年12月06日

原凭2-12

中国工商银行　进 账 单

2014年12月10日

<table>
<tr><td rowspan="3">付款人</td><td>全　称</td><td>天津大通服装有限公司</td><td rowspan="3">收款人</td><td>全　称</td><td colspan="11">天津滨海股份有限公司</td></tr>
<tr><td>账　号</td><td>345-87629503</td><td>账　号</td><td colspan="11">201-3456789</td></tr>
<tr><td>开户银行</td><td>工行天津市唐家口支行</td><td>开户银行</td><td colspan="11">工行天津市滨海支行</td></tr>
<tr><td rowspan="2">人民币
（大写）</td><td colspan="4" rowspan="2">贰万元整</td><td>千</td><td>百</td><td>十</td><td>万</td><td>千</td><td>百</td><td>十</td><td>元</td><td>角</td><td>分</td></tr>
<tr><td></td><td></td><td>¥</td><td>2</td><td>0</td><td>0</td><td>0</td><td>0</td><td>0</td><td>0</td></tr>
<tr><td>票据种类</td><td>银行本票</td><td>票据张数</td><td>1</td><td colspan="11" rowspan="3">中国工商银行天津市滨海支行
2014.12.10
业务
转讫
复核：　　　记账：</td></tr>
<tr><td>票据号码</td><td colspan="3">23652145</td></tr>
<tr><td colspan="4">备注：</td></tr>
</table>

注：已注销天津大通服装有限公司坏账收回。

原凭2-13

坏 账 准 备 计 提 表

2014年12月31日　　元

计提对象余额		计提率/（%）	应提额	账面已提	实际计提
项　目	余　额				
合　计					

审核：　　主管：　　制表：

项目三

存货实训

实训目标

- 能对原材料业务进行会计核算及账务处理。
- 能对周转材料业务进行会计核算及账务处理。
- 能对库存商品业务进行会计核算及账务处理。

任务一　原材料实训

案例 3-1　天津滨海股份有限公司原材料有关资料如下。

期初余额

材料采购期初余额如账3-1所示。

账3-1

材料采购

物资名称：棉布

2014年 月	日	记账凭证	摘要	借方 买价（十万千百十元角分）	借方 运杂费（十万千百十元角分）	借方 合计（十万千百十元角分）	贷方（十万千百十元角分）	余额（十万千百十元角分）
12	1		期初余额					210000

原材料期初余额如账3-2和账3-3所示。

账3-2

原材料

货号＿＿＿＿　品名　棉布　计数单位　米　备注＿＿＿＿

2014年 月	日	记账凭证 字	号	摘要	借方 数量	借方 单价	借方 金额（亿千百十万千百十元角分）	贷方 数量	贷方 单价	贷方 金额（亿千百十万千百十元角分）	借方 数量	借方 单价	借方 金额（亿千百十万千百十元角分）
12	1			期初余额							400	20	800000

账 3-3

原材料

货号＿＿＿＿＿＿　品名 涤纶＿＿＿＿＿＿　计数单位 米＿＿＿＿＿＿　备注＿＿＿＿＿＿

2014年		记账凭证		摘要	借方													贷方													借方												
					数量	单价	金额											数量	单价	金额											数量	单价	金额										
月	日	字	号				亿	千	百	十	万	千	百	十	元	角	分			亿	千	百	十	万	千	百	十	元	角	分			亿	千	百	十	万	千	百	十	元	角	分
12	1			期初余额																											200	10						2	0	0	0	0	0

材料成本差异期初余额如账 3-4 所示。

账 3-4

材料成本差异

户名：原材料＿＿＿＿＿＿　备注＿＿＿＿＿＿

2014年		记账凭证		摘要	页数	余额											√	余额											√	借或贷	余额											√
月	日	字	号			亿	千	百	十	万	千	百	十	元	角	分		亿	千	百	十	万	千	百	十	元	角	分			亿	千	百	十	万	千	百	十	元	角	分	
12	1			期初余额																										借						2	4	7	0	0	0	

其他资料如下。

天津滨海股份有限公司原材料按计划成本核算，每月月末计算本月入库原材料成本差异、原材料成本差异率及本月发出材料应负担的成本差异。

业务原始凭证

原材料 2014 年 12 月经济业务原始凭证如原凭 3-1 至原凭 3-16 所示。

实训要求

1. 准备记账凭证 18 张，三栏式明细账 1 张，数量金额明细账 2 张，多栏式明细账 2 张。
2. 根据业务原始凭证编制记账凭证。
3. 根据记账凭证登记材料采购、原材料、材料成本差异各明细账。

原凭3－1

材料入库验收单

售货单位：天津腾华纺织有限公司　　　　　　　　　　　　　　　验字第 001 号
单据号数：3001　　　　　　2014 年 12 月 05 日　　　　　　　结算方式：商业承兑汇票

材料编号	名称及规格	计量单位	数量		计划成本/元	
			应收	实收	单价	总价
			100	100	20.00	2000.00
001	棉布	米	实际成本/元			
验收意见	同意		单价	买价	运杂费	合计
入库时间	2014 年 12 月 05 日		21.00	2100.00		2100.00

仓库主管：　　材料会计：　　收料员：张国　　经办人：李梅　　制单：

注：上月已付款的棉布 100 米如数收到，已验收入库。

原凭3－2－1

天津增值税专用发票

全国统一发票监制章 天津 国家税务总局监制

发票联

№

开票日期：2014 年 12 月 08 日

购货单位	名　称：天津滨海股份有限公司 纳税人识别号：120111786065315 5 地址、电话：天津市开发区黄海路 109 号　022－85556666 开户行及账户：工行天津市滨海支行　201－3456789			密码区	37/－3947/－>59－<818<90 9>/0/433>2－3－0+672<7＊ 8+－<<51－41+>/58＊8460 4658765<56+＊31/58>00		
商品名称	规格型号	单位	数量	单价	金额	税率	税额
涤纶		米	4 000	9.50	38 000.00	17%	6 460.00
合　计					¥38 000.00		¥6 460.00
价税合计（大写）	⊗肆万肆仟肆佰陆拾元整				（小写）¥44 460.00		
销货单位	名　称：天津东纺有限公司 纳税人识别号：120204637288785 地址、电话：天津市泰安道 2940 号　022－27489698 开户行及账户：农行天津市泰安道支行　356－987653246			备注	天津东纺有限公司 120204637288785 发票专用章		

第二联 发票联 购货方记账凭证

纳税人：　　复核：　　开票人：李明　　销货单位（章）

原凭3－2－2

委托收款凭证（付款通知）　1

邮　　　　委托日期 2014 年 12 月 08 日　　　委托号码　第 00322 号

付款人	全称	天津滨海股份有限公司	收款人	全称	天津东纺有限公司
付款人	账号	201－3456789	收款人	账号	356－987653246
付款人	开户银行	工行天津市滨海支行	收款人	开户银行	农行天津市泰安道支行
出票金额	人民币（大写）	肆万肆仟肆佰陆拾元整		千百十万千百十元角分	¥4446000
款项内容	购买材料款	委托收款凭证名称	增值税专用发票	附寄单证张数	1张
备注：		款项收托日期　年　月　日		付款人开户银行签章	中国工商银行天津市滨海支行 2014.12.08 业务 转讫
单位主管	会计	复核	记账		

原凭3-3-1

天津增值税专用发票

发票联

（全国统一发票监制章 天津 国家税务总局监制）

No

开票日期:2014年12月10日

购货单位	名　　称:天津滨海股份有限公司 纳税人识别号:120111786065315 5 地 址 、电 话:天津市开发区黄海路109号　022-85556666 开户行及账户:工行天津市滨海支行　201-3456789	密码区	893/-3947/->59-<81<90 9>/0/433>2-3-0+672<7* 8+-<<51-41+>/58*8460 4289365<56+*31/58>00	

商品名称	规格型号	单位	数量	单价	金额	税率	税额
棉布		米	3 000	19.00	57 000.00	17%	9 690.00
合　计					¥57 000.00		¥9 690.00
价税合计(大写)	⊗陆万陆仟陆佰玖拾元整				（小写）¥66 690.00		

销货单位	名　　称:天津东纺有限公司 纳税人识别号:120204637288785 地 址 、电 话:天津市泰安道2940号　022-27489698 开户行及账户:农行天津市泰安道支行　356-987653246	备注	（天津东纺有限公司 120204637288785 发票专用章）

纳税人:　　　　复核:　　　　开票人:李明　　　　销货单位(章)

第二联 发票联 购货方记账凭证

原凭3-3-2

商业承兑汇票(存根)　3

10200000
00000002

出票日期(大写)贰零壹肆年壹拾贰月零壹拾日

付款人	全　称	天津滨海股份有限公司	收款人	全　称	天津东纺有限公司
	账　号	201-3456789		账　号	356-987653246
	开户银行	工行天津市滨海支行		开户银行	农行天津市泰安道支行

出票金额	人民币(大写)	陆万陆仟陆佰玖拾元整	千	百	十	万	千	百	十	元	角	分
					¥	6	6	6	9	0	0	0

汇票到期日(大写)	贰零壹伍年叁月零玖日	付款人开户行	行号	201
交易合同号码	265854		地址	天津市开发区第三大街1098号
备注:				

原凭3-4

材料入库验收单

售货单位:天津东纺有限公司　　　　　　　　　　　　验字第002号
单据号数:3002　　　　　　2014年12月11日　　　　　　结算方式:委托收款

材料编号	名称及规格	计量单位	数量		计划成本/元	
			应收	实收	单价	总价
			4000	3950	10.00	39500.00
002	涤纶	米	实际成本/元			
验收意见	同意		单价	买价	运杂费	合计
入库时间	2014年12月11日		9.62	38000.00		38000.00

仓库主管:　　　材料会计:　　　收料员:张国　　　经办人:李梅　　　制单:

注:短缺的50米确定为运输途中的合理损耗。

原凭3-5-1

天津增值税专用发票

国家统一发票监制章 天津 国家税务总局监制

发票联

开票日期:2014年12月08日

购货单位	名称:天津滨海股份有限公司 纳税人识别号:120111786065315 5 地址、电话:天津市开发区黄海路109号 022-85556666 开户行及账户:工行天津市滨海支行 201-3456789	密码区	29/ -3939/ - >549 - <81 <90 9 >/0/433 >2 -3 -0 +672 <7 * 8 + - < <51 -41 + >/58 *8460 0249365 <56 + *31/58 >00

商品名称	规格型号	单位	数量	单价	金额	税率	税额
棉布		米	3 000	19.50	58 500.00	17%	9 945.00
合计					¥58 500.00		¥9 945.00
价税合计(大写)	⊗陆万捌仟肆佰肆拾伍元整				(小写)¥68 445.00		

销货单位	名称:天津腾华纺织有限公司 纳税人识别号:120200999998785 地址、电话:天津市云南路2990号 022-23489898 开户行及账户:工行天津市南路支行 344-348776678990	备注	天津腾华纺织有限公司 120200999998785 发票专用章

纳税人:　　　复核:　　　开票人:陈娟　　　销货单位(章)

第二联 发票联 购货方记账凭证

原凭 3-5-2

中国工商银行

付款期限
壹 个 月

银行汇票（多余款收账通知） 3

10300000
00000001

提示付款期限自出票之日起壹个月

出票日期（大写）	贰零壹肆年壹拾贰月壹拾捌日	代理付款行：	行号：
收款人：天津腾华纺织有限公司			
出票金额	人民币（大写） 捌万元整		¥80000.00
实际结算金额	人民币（大写） 陆万捌仟肆佰肆拾伍元整		亿 千 百 十 万 千 百 十 元 角 分：¥ 6 8 4 4 5 0 0
申请人：天津滨海股份有限公司		账号：	201-3456789
出票行：工行滨海支行	行号：201	密押：	
备注：		多余金额	
凭票付款		千 百 十 万 千 百 十 元 角 分：¥ 1 1 5 5 5 0 0	复核 记账

中国工商银行滨海分行 业务专用章

原凭 3-6

材料入库验收单

售货单位：天津东纺有限公司　　　　验字第 003 号
单据号数：3003　　　2014 年 12 月 18 日　　　结算方式：银行汇票

材料编号	名称及规格	计量单位	数量		计划成本/元	
			应收	实收	单价	总价
			3000	3000	20.00	60000.00
001	棉布	米	实际成本/元			
验收意见	同意		单价	买价	运杂费	合计
入库时间	2014 年 12 月 18 日		19.50	58500.00		58500.00

仓库主管：　　材料会计：　　收料员：张国　　经办人：李梅　　制单：

原凭 3-7

材料入库验收单

售货单位：天津东纺有限公司　　　　验字第 004 号
单据号数：3004　　　2014 年 12 月 20 日　　　结算方式：商业承兑汇票

材料编号	名称及规格	计量单位	数量		计划成本/元	
			应收	实收	单价	总价
			3000	2900	20.00	58000.00
001	棉布	米	实际成本/元			
验收意见	同意		单价	买价	运杂费	合计
入库时间	2014 年 12 月 20 日		19.00	55100.00		55100.00

仓库主管：　　材料会计：　　收料员：张国　　经办人：李梅　　制单：

注：经查明短缺 100 米属于供应部门少发。

原凭3-8

材料入库验收单

售货单位:天津东纺有限公司　　　　验字第005号
单据号数:3005　　　　2014年12月22日　　　　结算方式:商业承兑汇票

材料编号	名称及规格	计量单位	数量		计划成本/元	
			应收	实收	单价	总价
			100	100	20.00	2000.00
001	棉布	米	实际成本/元			
验收意见	同意		单价	买价	运杂费	合计
入库时间	2014年12月22日		19.00	1900.00		1900.00

仓库主管:　　材料会计:　　收料员:张国　　经办人:李梅　　制单:

原凭3-9

原材料收入汇总表

2014年12月31日　　　　元

项　目	名　称	计量单位	收入数量	实际成本	计划成本	成本差异
合　计						

注:根据本月“收料单”编制本月“原材料收入汇总表”,计算并结转本月入库原材料成本差异。

原凭3-10

材料领用汇总表

2014年12月31日　　　　元

原材料名称	单位	产品或部门(用途)										合　计	
		衬衣		夹克		T恤		基本生产车间		辅助生产车间			
		数量	金额	数量	金额	数量	金额	数量	金额	数量	金额	数量	金额
棉布	米	2000	40000	2100	42000	1600	32000	250	5000	250	5000	6200	124000
涤纶	米	1000	10000	1800	18000	900	9000	100	1000	200	2000	4000	40000
合　计			50000		60000		41000		6000		7000		164000

主管:　　　　制表:

原凭3-11-1

本月原材料成本差异率计算表

2014年12月31日　　　　元

项　目	计量单位	月初材料成本差异	本月购入材料成本差异	月初材料计划成本	本月购入材料计划成本	本月材料成本差异率
棉布	米	—				—
涤纶	米	—				—
合　计						

主管:　　　　会计:

注:计算总原材料成本差异率。

原凭 3-11-2

本月发出材料应负担的成本差异计算表

2014年12月31日　　元

产品或部门（用途）	计划价格	差异率	差异额
衬衣			
夹克			
T恤			
基本生产车间			
辅助生产车间			
合　计			

主管：　　会计：

原凭 3-12

存货实存账存对比表

2014年12月31日　　元

存货类别	名称	计量单位	实存		账存		盘盈		盘亏		备注
			数量	金额	数量	金额	数量	金额	数量	金额	
原材料	棉布	米	280	5600	300	6000			20	400	成本差异 -8 元；税 66.64 元
合　计			280	5600	300	6000			20	400	
处理意见	清查小组				审批部门						主管签字
	原因待查				先作待处理						

原凭 3-13

存货实存账存对比表

2014年12月31日　　元

存货类别	名称	计量单位	实存		账存		盘盈		盘亏		备注
			数量	金额	数量	金额	数量	金额	数量	金额	
原材料	涤纶	米	165	1650	150	1500	15	150			成本差异 -3 元
合　计			165	1650	150	1500	15	150			
处理意见	清查小组				审批部门						主管签字
	原因待查				先作待处理						

原凭3－14

存货实存账存对比表

2014年12月31日　　　　元

存货类别	名称	计量单位	实存		账存		盘盈		盘亏		备注
			数量	金额	数量	金额	数量	金额	数量	金额	
原材料	棉布	米	280	5600	300	6000			20	400	成本差异－8元；税66.64元
合计			280	5600	300	6000			20	400	
处理意见	清查小组				审批部门						主管签字
	属于张亮保管不善				保管不善，应由张亮赔偿						朱观

原凭3－15

存货实存账存对比表

2014年12月31日　　　　元

存货类别	名称	计量单位	实存		账存		盘盈		盘亏		备注
			数量	金额	数量	金额	数量	金额	数量	金额	
原材料	涤纶	米	165	1650	150	1500	15	150			成本差异－3元
合计			165	1650	150	1500	15	150			
处理意见	清查小组				审批部门						主管签字
	属于收发计量造成				收发计量造成，冲减管理费用						朱观

原凭3－16

存货成本与可变现净值对比表

2014年12月31日　　　　元

存货类别		成本	可变现净值	差额
原材料	棉布		6000	
	涤纶		1500	
合计			7500	

主管：　　　　　　　　　　　　会计：

注：采用个别比较法计提存货跌价准备，计提前，两种存货跌价准备均为0。

任务二 周转材料实训

案例 3-2 天津滨海股份有限公司周转材料有关资料如下。

期初余额

期初余额周转材料期初余额如账 3-5 和账 3-6 所示。

账 3-5

周转材料——包装物

货号________ 品名 包装袋 ________ 计数单位 个 ________ 备注________

2014年		记账凭证		摘要	借方													贷方													结存												
月	日	字	号		数量	单价	金额											数量	单价	金额											数量	单价	金额										
							亿	千	百	十	万	千	百	十	元	角	分			亿	千	百	十	万	千	百	十	元	角	分			亿	千	百	十	万	千	百	十	元	角	分
12	1			期初余额																											400	2							8	0	0	0	0

账 3-6

周转材料——包装物

货号________ 品名 包装袋(在库) ________ 计数单位 个 ________ 备注________

2014年		记账凭证		摘要	借方													贷方													结存												
月	日	字	号		数量	单价	金额											数量	单价	金额											数量	单价	金额										
							亿	千	百	十	万	千	百	十	元	角	分			亿	千	百	十	万	千	百	十	元	角	分			亿	千	百	十	万	千	百	十	元	角	分
12	1			期初余额																											600	10						6	0	0	0	0	0

其他资料如下。

天津滨海股份有限公司周转材料按实际成本法核算,发出周转材料按先进先出法计价。

业务原始凭证

周转材料 2014 年 12 月经济业务原始凭证如原凭 3-17-1 至原凭 3-21 所示。

实训要求

1. 准备记账凭证 5 张,数量金额式明细账 3 张,三栏式明细账 1 张。
2. 根据业务原始凭证编制记账凭证。
3. 根据记账凭证登记周转材料各明细账。

原凭 3－17－1

天津增值税专用发票

发票联

No

开票日期:2014 年 12 月 05 日

购货单位	名　　称:天津滨海股份有限公司 纳税人识别号:120111786065315 5 地 址 、电 话:天津市开发区黄海路 109 号 022－85556666 开户行及账户:工行天津市滨海支行 201－3456789			密码区	278/－3947/－>59－<18<90 9>/0/433>2－3－0+672<7* 8+－<<51－41+>/58*8460 4658765<56+*31/58>00		
商品名称	规格型号	单位	数量	单价	金额	税率	税额
包装袋		个	20 000	2.00	40 000.00	17%	6 800.00
合计					¥40 000.00		¥6 800.00
价税合计（大写）	⊗肆万陆仟捌佰元整				（小写）¥46 800.00		
销货单位	名　　称:天津包装用品有限公司 纳税人识别号:120204637285648 地 址 、电 话:天津市泰安道 2361 号 022－27489238 开户行及账户:农行天津市泰安道支行 356－987653123			备注	天津包装用品有限公司 120204637285648 发票专用章		

纳税人:　　复核:　　开票人:耿丽　　销货单位(章)

第二联 发票联 购货方记账凭证

原凭 3－17－2

中国工商银行
转账支票存根
10201232
17400845

附加信息

出票日期 2014 年 12 月 05 日

收款人:天津包装用品有限公司

金　额:46800.00 元

用　途:支付货款

单位主管　　会计

原凭 3－17－3

周转材料入库验收单

售货单位:天津包装用品有限公司　　验字第 0001 号

单据号数:30001　　2014 年 12 月 05 日　　结算方式:转账支票

材料编号	名称及规格	计量单位	数量		实际金额/元	
			应收	实收	单价	总价
			20000	20000	2.00	40000.00
0001	包装袋	个	运费/元		合计/元	
验收意见	同意		单价	总价	单价	总价
入库时间	2014.12.05				2.00	40000.00

仓库主管:　　材料会计:　　收料员:张国　　经办人:李梅　　制单:

注:包装物按实际成本核算。

原凭 3－18

周转材料领用汇总表

材料类别：周转材料　　　　2014 年 12 月 09 日　　　　发料部门编号：306

领料部门	名称及规格	计量单位	数量		金额/元		用途
			请领数	实发数	单价	总价	
生产部门	包装袋	个	5000	5000	2.00	10000	生产衬衣
销售机构	包装袋	个	1000	1000	2.00	2000	包装夹克（不单独计价）
合　计			6000	6000		12000	

仓库主管：　　材料会计：　　领料员：任建新　　经办人：金慧芳　　制单：

原凭 3－19

周转材料出库单

材料类别：包装物　　　　　　　　　　　　　领用部门编号：302
领用部门：销售部门　　2014 年 12 月 16 日　　发料部门编号：306

材料编号	名称及规格	计量单位	数量		金额/元	
			请领数	实发数	单价	总价
003	包装箱	个	500	500	10	5000
合　计			¥5000			
用　途	出租，本月租金 500 元					

仓库主管：　　材料会计：　　领料员：任建新　　经办人：金慧芳　　制单：

注：采用五五摊销法，于月末摊销。

原凭 3－20－1

中国工商银行　进　账　单

2014 年 12 月 16 日

付款人	全　称	天津达雅服装销售公司	收款人	全　称	天津滨海股份有限公司
	账　号	408－23894872		账　号	201－3456789
	开户银行	工行天津市河北路支行		开户银行	工行天津市滨海支行
人民币（大写）	伍佰元整			千百十万千百十元角分	¥ 5 0 0 0 0
票据种类	转账支票	票据张数	1		
票据号码	20153664				
备注：				复核：	记账：

中国工商银行天津市滨海支行
2014.12.16
业务
转讫

原凭 3－20－2

天津市服务业通用发票

(0712323248)　　2014年12月16日　　№ 18456

客户名称	天津达雅服装销售公司			地址	天津市河北路110号						
项目	摘要	单位	数量	单价	金额						
					万	千	百	十	元	角	分
包装物出租				500.00			5	0	0	0	0
合计金额（大写）	伍佰零拾零元零角零分					¥	5	0	0	0	0
注：盖有发票专用章，否则报销无效。											
服务单位	天津滨海股份有限公司		地址	黄海路109号							

第二联　发票联　购货方记账凭证

开票人：李朋　　收款人：王春　　收款单位（章）

（印章：天津滨海股份有限公司 1201117860653155 发票专用章）

原凭 3－21

包装物摊销计算表

2014年12月31日　　元

项　目	待摊总额	本月分摊比例	本月应摊金额
包装箱（出租）	5000	50%	2500
合　计	5000		2500

主管：

注：采用五五摊销法，摊销本月领用包装箱。

任务三 库存商品实训

案例 3－4 天津滨海股份有限公司库存商品有关资料如下。

期初余额

库存商品期初余额如账 3－7 至账 3－9 所示。

账 3－7

库存商品

货号＿＿＿＿ 品名 衬衣 计数单位 件 备注＿＿＿＿

2014年		记账凭证		摘要	借方													贷方													结存												
月	日	字	号		数量	单价	金额											数量	单价	金额											数量	单价	金额										
							亿	千	百	十	万	千	百	十	元	角	分			亿	千	百	十	万	千	百	十	元	角	分			亿	千	百	十	万	千	百	十	元	角	分
12	1			期初余额																											40	96.5						3	8	6	0	0	0

账 3－8

库存商品

货号＿＿＿＿ 品名 夹克 计数单位 件 备注＿＿＿＿

2014年		记账凭证		摘要	借方													贷方													结存												
月	日	字	号		数量	单价	金额											数量	单价	金额											数量	单价	金额										
							亿	千	百	十	万	千	百	十	元	角	分			亿	千	百	十	万	千	百	十	元	角	分			亿	千	百	十	万	千	百	十	元	角	分
12	1			期初余额																											40	165						6	6	0	0	0	0

账 3－9

库存商品

货号＿＿＿＿ 品名 T恤 计数单位 件 备注＿＿＿＿

2014年		记账凭证		摘要	借方													贷方													结存												
月	日	字	号		数量	单价	金额											数量	单价	金额											数量	单价	金额										
							亿	千	百	十	万	千	百	十	元	角	分			亿	千	百	十	万	千	百	十	元	角	分			亿	千	百	十	万	千	百	十	元	角	分
12	1			期初余额																											30	158						4	7	4	0	0	0

其他资料如下。

天津滨海股份有限公司库存商品按实际成本核算，发出库存商品按全月一次加权平均法计价。

业务原始凭证

库存商品2014年12月经济业务原始凭证如原凭3-22-1至原凭3-23-2所示。

实训要求

1. 准备记账凭证2张,数量金额式明细账3张。
2. 根据业务原始凭证编制记账凭证。
3. 根据记账凭证登记库存商品明细账。

原凭 3－22－1

产品成本计算表

2014 年 12 月 31 日　　　元

产品名称 / 成本项目	衬衣		夹克		T 恤	
	单位成本	总成本	单位成本	总成本	总成本	单位成本
直接材料	50.00	5000.00	100.00	8000.00	80.00	4000.00
直接人工	30.00	3000.00	50.00	4000.00	40.00	2000.00
制造费用	20.00	2000.00	30.00	2400.00	30.00	1500.00
合　计	100.00	10000.00	180.00	14400.00	150.00	7500.00

主管：　　　　会计：

原凭 3－22－2

完工产品入库单

2014 年 12 月 31 日　　　元

产品类别	产品名称及规格	产品编号	计量单位	实收数量	单位成本	总成本
库存商品	衬衣	1001	件	100	100.00	10000.00
	夹克	1002	件	80	180.00	14400.00
	T 恤	1003	件	50	150.00	7500.00
合　计						31900.00

主管：　　　　会计：

原凭 3－23－1

销售产品成本计算表

2014 年 12 月 31 日　　　元

产品种类	期初库存成本			本期入库成本			本期销售成本		
	数量	单位成本	总成本	数量	单位成本	总成本	数量	单位成本	总成本
衬衣	40	96.5	3860	100	100	10000	120	99	11880
夹克	40	165	6600	80	180	14400	90	175	15750
T 恤	30	158	4700	50	150	7500	60	153	9180
合　计			15200			31900			36810

主管：　　　　会计：

注：按全月一次加权平均计算。

原凭 3－23－2

库存商品出库单

2014 年 12 月 31 日　　　元

产品类别	产品名称及规格	产品编号	计量单位	发出数量	单位成本	总成本
库存商品	衬衣	1001	件	120	99	11880
	夹克	1002	件	90	175	15750
	T 恤	1003	件	60	153	9180
合　计						36810

主管：　　　　会计：

项目四

对外投资实训

实训目标

- 能对交易性金融资产业务进行会计核算及账务处理。
- 能对长期股权投资成本法业务进行会计核算及账务处理。
- 能对长期股权投资权益法业务进行会计核算及账务处理。

任务一　交易性金融资产实训

案例 4－1　天津滨海股份有限公司交易性金融资产有关资料如下。

期初余额

交易性金融资产期初余额如账 4－1、账 4－2 所示。

账 4－1

交易性金融资产——成本

户名：蓝天实业　　　　　　　　　　　　　　　　　　　　　　　备注

2014年		记账凭证		摘要	页数	借方											√	贷方											√	借或贷	余额											√
月	日	字	号			亿	千	百	十	万	千	百	十	元	角	分		亿	千	百	十	万	千	百	十	元	角	分			亿	千	百	十	万	千	百	十	元	角	分	
12	1			期初余额																										借				2	4	0	0	0	0	0	0	

注：该账户金融资产为 2014 年 5 月 10 日以市价每股 12 元购入蓝天实业股份 2 万股，投资目的是近期出售获利。

账 4－2

交易性金融资产——公允价值变动

户名：蓝天实业　　　　　　　　　　　　　　　　　　　　　　　备注

2014年		记账凭证		摘要	页数	借方											√	贷方											√	借或贷	余额											√
月	日	字	号			亿	千	百	十	万	千	百	十	元	角	分		亿	千	百	十	万	千	百	十	元	角	分			亿	千	百	十	万	千	百	十	元	角	分	
12	1			期初余额																										借					4	0	0	0	0	0	0	

其他货币资金期初余额如账 4－3 所示。

账 4－3

其他货币资金——存出投资款

户名：中信证券滨海营业部　　　　备注

2014年		记账凭证		摘要	页数	借方											√	贷方											√	借或贷	余额											√
月	日	字	号			亿	千	百	十	万	千	百	十	元	角	分		亿	千	百	十	万	千	百	十	元	角	分			亿	千	百	十	万	千	百	十	元	角	分	
12	1			期初余额																										借				5	0	0	0	0	0	0	0	

业务原始凭证

交易性金融资产 2014 年 12 月经济业务原始凭证，如原凭 4－1、原凭 4－2 所示。

实训要求

1. 准备记账凭证 3 张，三栏式明细账 3 张，多栏式明细账 2 账。
2. 根据业务原始凭证编制记账凭证。
3. 根据记账凭证登记交易性金融资产有关明细账。

原凭4-1

21/12/2014	成交过户交割凭单
股东编号：A127 896 321(存) 电脑编号：147 258 公司代号：369	成交证券：蓝天实业 成交数量：10 000(股) 成交价格：15.00
申请编号：567 申报时间：10:55:26 成交时间：10:56:39	成交金额：150 000.00 标准佣金：800.00 过户费用：20.00
上次余额：20 000(股) 本次成交：10 000(股) 本次成交：10 000(股) 本次库存：10 000(股)	印花税：150.00 应付金额：149 030.00 附加费用：— 实付金额：149 030.00

经办单位：　　　　　　　　客户签章：

原凭4-2

交易性金融资产公允价值变动计算表

2014年12月31日　　　　　　元

投资项目	持有份数	单位市价	账面成本	市价总额	公允价值变动账户余额	应确认损益
蓝天实业	10000股	11	120000	110000	20000	
合　计						

主管：　　　　　　　　制表：

任务二　长期股权投资成本法实训

案例4-2　天津滨海股份有限公司长期股权投资有关资料如下。

期初余额

长期股权投资期初余额如账4-4和账4-5所示。

账4-4

长期股权投资

户名：天津达雅服装销售公司　　　　　　　　　　备注

2014年		记账凭证		摘要	页数	借方											√	贷方											√	借或贷	余额											√
月	日	字	号			亿	千	百	十	万	千	百	十	元	角	分		亿	千	百	十	万	千	百	十	元	角	分			亿	千	百	十	万	千	百	十	元	角	分	
12	1			期初余额																										借				2	0	0	0	0	0	0	0	

注：该账户长期股权投资为2013年5月10日支付20万元取得天津达雅服装销售公司10%的股权。

账4-5

长期股权投资

户名：天津大通服装有限公司　　　　　　　　　　备注

2014年		记账凭证		摘要	页数	借方											√	贷方											√	借或贷	余额											√
月	日	字	号			亿	千	百	十	万	千	百	十	元	角	分		亿	千	百	十	万	千	百	十	元	角	分			亿	千	百	十	万	千	百	十	元	角	分	
12	1			期初余额																										借				1	5	0	0	0	0	0	0	

注：该账户长期股权投资为2012年1月10日支付15万元取得天津达雅服装销售公司10%的股权。

长期股权投资减值准备期初余额如账4-6所示。

账4-6

长期股权投资减值准备

户名：　　　　　　　　　　备注

2014年		记账凭证		摘要	页数	借方											√	贷方											√	借或贷	余额											√
月	日	字	号			亿	千	百	十	万	千	百	十	元	角	分		亿	千	百	十	万	千	百	十	元	角	分			亿	千	百	十	万	千	百	十	元	角	分	
12	1			期初余额																										贷				8	0	0	0	0	0	0	0	

业务原始凭证

长期股权投资2014年12月经济业务原始凭证如原凭4－3－1至原凭4－5－3所示。

实训要求

1. 准备记账凭证3张，三栏式明细账4张，多栏式明细账1张。
2. 根据业务原始凭证编制记账凭证。
3. 根据记账凭证登记长期股权投资有关明细账。

原凭 4-3-1

股权转让协议书（摘录）

甲方：天津华海股份有限公司（以下简称甲方）

乙方：天津滨海股份有限公司（以下简称乙方）

……

第二，甲方以现金8万元购买乙方持有的天津大通服装有限公司10%的股权中的50%。

……

甲方：（盖章）　天津华海股份有限公司　　乙方：（盖章）　天津滨海股份有限公司

2014年12月12日

原凭 4-3-2

中国工商银行　进 账 单

2014年12月12日

付款人	全称	天津华海股份有限公司	收款人	全称	天津滨海股份有限公司
	账号	02-36925814788		账号	201-3456789
	开户银行	工行天津分行津东分理处		开户银行	工行天津市滨海支行

人民币（大写）	捌万元整	千	百	十	万	千	百	十	元	角	分
				¥	8	0	0	0	0	0	0

票据种类	转账支票	票据张数	1
票据号码	83658974		
备注：			

中国工商银行天津市滨海支行　2014.12.12　业务　转讫

复核：　　记账：

原凭 4-4-1

天津达雅服装销售公司2014年度利润分配方案

2014年12月29日，我公司召开了2014年度股东大会年会，会议审议通过了公司2014年度利润分配方案。现将具体实施事宜通知如下。

一、分红方案

公司决定以2014年度末实收资本200万元为基数，向全体股东按照出资比例，分配利润20万元。本年度共实现净利润35万元，占本次可分配利润40万元的87.5%，余额5万元结转下一年度进行分配。

二、分红具体实施内容

……

利润发放日：2015年1月8日

……

天津达雅服装销售公司

2014年12月30日

原凭 4-4-2

长期股权投资收益计算表

2014 年 12 月 31 日　　　　元

投资项目	投资成本	投资比例	分配总额	应确认投资收益
达雅服装	2000000	10%	200000	
合　计				

主管：　　　　　　　　制表：

原凭 4-5-1

天津大通服装有限公司资产减值测试项目资产评估咨询报告书（摘录）

天津大通服装有限公司：

天津和信资产评估有限责任公司接受贵公司的委托……以贵公司 2014 年 12 月 15 日发生火灾后导致资产减值测试为目的……对截止评估基准日所表现的可回收价值提出如下评估意见。

可回收价值在本报告中定义为被评估资产在被评估企业现有管理者管理、运营下，在被评估资产的寿命期内，可以预计的未来经营净现金流量的现值和被评估资产市场价值（公允价值）减去处置费用和相关税费后净额的孰高者。

截止于评估基准日 2014 年 12 月 28 日，贵公司全部资产账面价值 258.82 万元，可收回价值为 187.10 万元，评估减值 71.72 万元，减值率 27.71%。

……

天津和信资产评估有限责任公司

贰零壹肆年壹拾贰月贰拾玖日

原凭 4-5-2

长期股权投资减值计提方案

2014 年 12 月 30 日　　　　元

被投资单位	长期股权投资账面价值	未来现金流量现值	确认减值损失
天津大通服装有限公司	75000	52500	
合　计			

主管：　　　　　　　　制表：

原凭 4-5-3

董事会关于长期股权投资减值计提方案的批复

经董事会研究决定，同意长期股权投资减值计提方案中天津大通服装有限公司投资减值金额，按照此金额计提减值准备。

天津滨海股份有限公司

二〇一四年十二月三十日

任务三　长期股权投资权益法实训

案例4-3　天津滨海股份有限公司长期股权投资有关资料如下。

期初余额

长期股权投资期初余额如账4-7至账4-11所示。

账4-7

长期股权投资——成本

户名：天津东纺有限公司　　　　备注

| 2014年 | | 记账凭证 | | 摘要 | 页数 | 借方 | | | | | | | | | | | √ | 贷方 | | | | | | | | | | | √ | 借或贷 | 余额 | | | | | | | | | | | √ |
月	日	字	号			亿	千	百	十	万	千	百	十	元	角	分		亿	千	百	十	万	千	百	十	元	角	分			亿	千	百	十	万	千	百	十	元	角	分	
12	1			期初余额																										借			1	0	0	0	0	0	0	0	0	

注：该账户长期股权投资为2012年5月10日出资100万元与黄海实业公司成立的合营公司，双方各占天津东纺有限公司50%的股份。

账4-8

长期股权投资——成本

户名：天津宝庆纺织有限公司　　　　备注

| 2014年 | | 记账凭证 | | 摘要 | 页数 | 借方 | | | | | | | | | | | √ | 贷方 | | | | | | | | | | | √ | 借或贷 | 余额 | | | | | | | | | | | √ |
月	日	字	号			亿	千	百	十	万	千	百	十	元	角	分		亿	千	百	十	万	千	百	十	元	角	分			亿	千	百	十	万	千	百	十	元	角	分	
12	1			期初余额																										借			1	0	0	0	0	0	0	0	0	

注：该账户长期股权投资为2011年5月10日出资100万元与渤海实业公司成立的合营公司，双方各占天津宝庆纺织有限公司50%的股份。

账4-9

长期股权投资——损益调整

户名：天津东纺有限公司　　　　备注

| 2014年 | | 记账凭证 | | 摘要 | 页数 | 借方 | | | | | | | | | | | √ | 贷方 | | | | | | | | | | | √ | 借或贷 | 余额 | | | | | | | | | | | √ |
月	日	字	号			亿	千	百	十	万	千	百	十	元	角	分		亿	千	百	十	万	千	百	十	元	角	分			亿	千	百	十	万	千	百	十	元	角	分	
12	1			期初余额																										借					5	0	0	0	0	0	0	

账 4－10

长期股权投资——损益调整

户名：天津宝庆纺织有限公司　　　　　　　　　　备注＿＿＿＿

2014年		记账凭证		摘要	页数	借方											√	贷方											√	借或贷	余额											√
月	日	字	号			亿	千	百	十	万	千	百	十	元	角	分		亿	千	百	十	万	千	百	十	元	角	分			亿	千	百	十	万	千	百	十	元	角	分	
12	1			期初余额																										借					3	0	0	0	0	0	0	

账 4－11

长期股权投资——其他权益变动

户名：天津东纺有限公司　　　　　　　　　　备注＿＿＿＿

2014年		记账凭证		摘要	页数	借方											√	贷方											√	借或贷	余额											√
月	日	字	号			亿	千	百	十	万	千	百	十	元	角	分		亿	千	百	十	万	千	百	十	元	角	分			亿	千	百	十	万	千	百	十	元	角	分	
12	1			期初余额																										借					1	0	0	0	0	0	0	

业务原始凭证

长期股权投资 2014 年 12 月经济业务原始凭证如原凭 4－6－1 至原凭 4－10－2 所示。

实训要求

1. 准备记账凭证 5 张，三栏式明细账 5 张。
2. 根据业务原始凭证编制记账凭证。
3. 根据记账凭证登记长期股权投资相关明细账。

原凭4-6-1

股权转让协议书（摘录）

甲方:天津滨海股份有限公司(以下简称甲方)

乙方:天津渤海股份有限公司(以下简称乙方)

……

第二,甲方以现金80万元购买乙方全资子公司天津致远服装有限公司50%的股权。天津致远服装有限公司2014年12月1日的所有者权益账面价值为168万元,与可辨认净资产公允价值相等。

……

甲方:(盖章)　　　　　　　　乙方:(盖章)

2014年12月2日

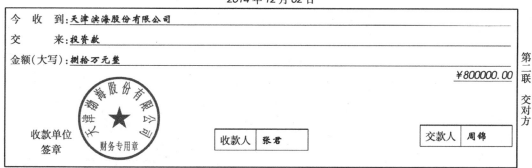

原凭4-6-2

收　据　　　　№ 20513487

2014年12月02日

今　收　到:天津滨海股份有限公司

交　　　来:投资款

金额(大写):捌拾万元整

¥800000.00

收款单位签章　　　收款人　张君　　　交款人　周锦

第二联　交对方

原凭4-6-3

中国工商银行
转账支票存根
10201232
17400849

附加信息

出票日期 2014年12月02日

收款人:	天津渤海股份有限公司
金　额:	800000.00元
用　途:	投资款

单位主管　　　会计

原凭 4-7-1

股权转让协议书（摘录）

甲方：天津东方实业有限公司（以下简称甲方）

乙方：天津滨海股份有限公司（以下简称乙方）

……

第二，甲方以现金 105 万元购买乙方持有的天津宝庆纺织有限公司的全部股权。

……

甲方：（盖章） 天津东方实业有限公司

乙方：（盖章） 天津滨海股份有限公司

2014 年 12 月 6 日

原凭 4-7-2

中国工商银行 进 账 单

2014 年 12 月 06 日

付款人	全称	天津东方实业有限公司	收款人	全称	天津滨海股份有限公司
	账号	02-36925814321		账号	201-3456789
	开户银行	工行天津分行津东分理处		开户银行	工行天津市滨海支行

人民币（大写）	壹佰零伍万元整	千	百	十	万	千	百	十	元	角	分
		¥	1	0	5	0	0	0	0	0	0

票据种类	转账支票	票据张数	1
票据号码	36851081		
备注：			

中国工商银行天津市滨海支行 2014.12.06 业务 转讫

复核： 记账：

原凭 4-8-1

关于天津东纺有限公司股东变更的通告

2014 年 12 月 8 日，天津东纺有限公司召开公司全体股东大会，对《关于黄海实业公司转让所持公司股份的议案》，经公司股东大会审议，同意：

黄海实业公司将其持有的本公司 50% 的股权转让给天津盛世纺织公司。

……

本公司股东单位为 2 家，股东名称、投资金额及比例如下。

股东名称	投资金额/万元	比例
天津滨海股份有限公司	100	50%
天津盛世纺织公司	100*	50%

＊天津盛世纺织公司实际支付104万元，其中100万元为实收资本，4万元为资本溢价计入资本公积。

……

特此通告。

天津东纺有限公司

二〇一四年十二月九日

原凭4-8-2

长期股权投资价值变动计算表

编制单位：天津滨海股份有限公司　　2014年12月09日　　元

被投资单位	被投资单位资本公积增加额	持股比例	确认其他权益变动
天津东纺有限公司	40000	50%	
合　计			

主管：　　制表：

原凭4-9-1

利润表（摘录）

会企02表

编制单位：天津东纺有限公司　　2014年度　　元

项　目	本期金额	上期金额
……		
净利润	125000	
……		

原凭4-9-2

长期股权投资收益计算表

2014年12月31日　　元

被投资单位	被投资单位本年度实现净利润	持股比例	确认投资收益
天津东纺有限公司	125000	50%	
合　计			

主管：　　制表：

原凭4－10－1

天津东纺有限公司2014年度利润分配方案

2014年12月29日，我公司召开了2014年度股东大会年会，会议审议通过了公司2014年度利润分配方案。现将具体实施事宜通知如下。

一、分红方案

公司决定以2014年度末实收资本200万元为基数，向全体股东按照出资比例，分配利润8万元。本年度共实现净利润12.5万元，占本次可分配利润22万元的36.36%，余额14万元结转下一年度进行分配。

二、分红具体实施内容

……

利润发放日：2015年1月6日

……

天津东纺有限公司
2014年12月30日

原凭4－10－2

长期股权投资分回利润计算表

2014年12月31日　　　　元

投资项目	投资成本	投资比例	分配总额	应确认应收利润
天津东纺有限公司	1000000	50%	80000	
合　计				

主管：　　　　制表：

项目五

固定资产实训

实训目标

- 能对固定资产取得业务进行会计核算及账务处理。
- 能对固定资产处置业务进行会计核算及账务处理。
- 能对固定资产折旧业务进行会计核算及账务处理。

任务一　固定资产取得实训

案例 5-1 天津滨海股份有限公司固定资产有关资料如下。

期初余额

固定资产期初余额如账 5-1 所示。

账 5-1

固定资产

户名：发电设备　　　　　　　　　　　　　　　　　　　　备注

2014年		记账凭证		摘要	页数	借方											√	贷方											√	借或贷	余额											√
月	日	字	号			亿	千	百	十	万	千	百	十	元	角	分		亿	千	百	十	万	千	百	十	元	角	分			亿	千	百	十	万	千	百	十	元	角	分	
12	1			期初余额																										借				5	0	0	0	0	0	0	0	

业务原始凭证

固定资产 2014 年 12 月经济业务原始凭证如原凭 5-1-1 至原凭 5-4 所示。

实训要求

1. 准备记账凭证 4 张，三栏式明细账 1 张。
2. 根据业务原始凭证编制记账凭证。
3. 根据记账凭证登记固定资产各明细账。

原凭 5-1-1

商品购销合同（摘要）

甲方（购买方）：天津滨海股份有限公司

乙方（销货方）：天津华为有限公司

……

第二，甲方向乙方订购以下商品。

序　号	商品名称	规格型号	计量单位	数　量	单价/元	金额/元
	发电设备	SDHB-2008	台	1	200 000	200 000

第三，乙方4日内发货，运费5 000元和保险费5 000元由甲方承担。

……

甲方：天津滨海股份有限公司　　乙方：天津华为有限公司

法人代表：张宏达　　法人代表：华为

签约日期：2014年12月5日　　签约日期：2014年12月5日

原凭 5-1-2

天津增值税专用发票

天津　发票联　国家税务总局监制

№

开票日期：2014年12月09日

购货单位	名　　称：天津滨海股份有限公司 纳税人识别号：1201117860653155 地 址 、电 话：天津市开发区黄海路109号　022-85556666 开户行及账户：工行天津市滨海支行　201-3456789	密码区	37/-3947/->59-<818<90 9>/0/433>2-3-0+672<7* 8+--<<51-41+>/58*8460 4658765<56+*31/58>00

商品名称	规格型号	单位	数量	单价	金额	税率	税额
发电设备	SDHB-2008	台	1	200 000.00	200 000.00	17%	34 000.00
合　计					¥200 000.00		¥34 000.00
价税合计（大写）	⊗贰拾叁万肆仟元整				（小写）¥234 000.00		

销货单位	名　　称：天津华为有限公司 纳税人识别号：123456785678258 地 址 、电 话：天津市八纬路2990号　022-23489898 开户行及账户：工行天津市八纬路支行　344-348776678990	备注	天津华为有限公司 123456785678258 发票专用章

纳税人：　　复核：　　开票人：　　销货单位（章）

第二联　发票联　购货方记账凭证

注：该设备需安装。

原凭5-1-3

货物运输业增值税专用发票

天津 发票联 国家税务总局监制

No. 30400451

开票日期:2014年12月09日

承运人及纳税人识别号	天津市兴旺运输有限公司 120221607212455			密码区	01/-3947/->59-<818<90 9>/0/433>2-3-0+672<7* 847-<<51-41+>/58*8460 14278765<56+*31/58>00		
实际受票人及纳税人识别号	天津滨海股份有限公司 1201117860653150						
收货人及纳税人识别号	天津滨海股份有限公司 1201117860653150			发货人及纳税人识别号	天津华为有限公司 120456785678258		
起运地、经由、到达地	天津市河东区——天津市滨海新区						
费用项目及金额	费用项目: 运费	金额: 10 000		运输货物信息	发电设备		
合计金额	¥10 000.00	税率	11%	税额	¥1 100.00	机器编号	49911235
价税合计(大写)	⊗壹万壹仟壹佰元整				(小写)¥11 100.00		
车种车号		车船吨位		备注	天津兴旺运输有限公司 120221607212455 发票专用章		
主管税务机关及代码	天津市河东区第三税务所 11122355445						

收款人: 复核人: 开票人: 承运人:(章)

第二联 发票联 购货方记账凭证

原凭5-1-4

中国工商银行 转账支票存根 10201232 17400850
附加信息
出票日期 2014年12月09日
收款人:天津华为有限公司
金 额:245100.00元
用 途:设备款及运杂费
单位主管 会计

原凭5-2-1

安装合同（摘要）

发包方（甲方）：天津滨海股份有限公司
承包方（乙方）：人本机电安装公司
……

第三，工程范围和内容：发电设备安装。

第四，工程造价：安装费3 000元，工程自2014年12月9日开工，至2014年12月13日竣工。

第五，改安装工程属于包工不包料工程，工程安装所需的全部物资由甲方采购供应至乙方指定安装地点。
……

甲方：天津滨海股份有限公司	乙方：人本机电安装公司
法人代表：张宏达	法人代表：李峰
签约日期：2014年12月9日	签约日期：2014年12月9日

原凭5-2-2

领料单

材料科目：原材料
领料车间(部门)：供电车间　　　　材料类别：修理用备件
用途：安装发电设备　　　　2014年12月10日　　　　编　号：

材料编号	名称及规格	计量单位	数量		实际金额/元	
			领用	实发	单价	总价
	修理用备件	组	4	4	500.00	2000.00
备　注	安装发电设备领用					

记账：　　　　发料：　　　　领料部门：　　　　领料人：

原凭5-3-1

天津增值税专用发票

发票联

№

开票日期：2014年12月13日

购货单位	名　　称：天津滨海股份有限公司 纳税人识别号：120111786065315 5 地 址 、电 话：天津市开发区黄海路109号　022-85556666 开户行及账户：工行天津市滨海支行　201-3456789	密码区	37/-3947/->59-<818<90 9>/0/433>2-3-0+672<7* 8+-<<51-41+>/58*8460 4658765<56+*31/58>00

商品名称	规格型号	单位	数量	单价	金额	税率	税额
发电设备安装费	SDHB-2008	台	1		3 000.00	17%	510.00
合　计					¥3 000.00		¥510.00
价税合计(大写)	⊗叁仟伍佰壹拾元整				(小写)¥3 510.00		

销货单位	名　　称：人本机电安装公司 纳税人识别号：120654325678789 地 址 、电 话：天津市长江路2230号　022-23489898 开户行及账户：工行天津市长江路支行　344-123456789990	备注	

纳税人：　　　　复核：　　　　开票人：　　　　销货单位(章)

第二联 发票联 购货方记账凭证

原凭 5-3-2

中国工商银行
转账支票存根
10201232
17400851

附加信息

出票日期 2014 年 12 月 13 日

收款人:	人本机电安装公司
金　额:	3510.00 元
用　途:	安装费

单位主管　　　　会计

原凭 5-4

固定资产入账通知单

被通知单位:　　　　2014 年 12 月 13 日　　　　编号 01000201

类别	资产编号	固定资产名称	规格型号	制造单位			数量	原　值	折旧额		使用年限	预计残值	累计已提折旧	所在地	出账原因
				名称	日期	编号			应计折旧总额	月折旧额					
设备	03	发电机					1	215000			10	15000			购入

通知单位:　　　　　　　　经办人:

任务二　固定资产处置实训

案例5-2　天津滨海股份有限公司固定资产有关资料如下。

期初余额

固定资产相关账户期初余额如账5-2至账5-5所示。

账5-2

固定资产

户名：生产设备B　　　　　　　　　　　　备注

2014年		记账凭证		摘要	页数	借方											√	贷方											√	借或贷	余额											√
月	日	字	号			亿	千	百	十	万	千	百	十	元	角	分		亿	千	百	十	万	千	百	十	元	角	分			亿	千	百	十	万	千	百	十	元	角	分	
12	1			期初余额																										借				2	5	0	0	0	0	0	0	

账5-3

累计折旧

户名：生产设备B　　　　　　　　　　　　备注

2014年		记账凭证		摘要	页数	借方											√	贷方											√	借或贷	余额											√
月	日	字	号			亿	千	百	十	万	千	百	十	元	角	分		亿	千	百	十	万	千	百	十	元	角	分			亿	千	百	十	万	千	百	十	元	角	分	
12	1			期初余额																										贷				1	7	8	0	0	0	0	0	

账5-4

固定资产减值准备

户名：生产设备B　　　　　　　　　　　　备注

2014年		记账凭证		摘要	页数	借方											√	贷方											√	借或贷	余额											√
月	日	字	号			亿	千	百	十	万	千	百	十	元	角	分		亿	千	百	十	万	千	百	十	元	角	分			亿	千	百	十	万	千	百	十	元	角	分	
12	1			期初余额																										贷					1	0	0	0	0	0	0	

账 5－5

固定资产清理

户名：________　　　　备注________

2014年		记账凭证		摘要	页数	借方										√	贷方										√	借或贷	余额										√
月	日	字	号			亿	千	百	十	万	千	百	十	元	角	分		亿	千	百	十	万	千	百	十	元	角	分			亿	千	百	十	万	千	百	十	元	角	分	
12	1			期初余额																										平									0	0	0	

业务原始凭证

固定资产 2014 年 12 月经济业务原始凭证如原凭 5－5－1 至原凭 5－5－7 所示。

实训要求

1. 准备记账凭证 4 张，三栏式明细账 4 张。
2. 根据业务原始凭证编制记账凭证。
3. 根据记账凭证登记固定资产相关明细账。

原凭5-5-1

天津滨海股份有限公司董事会决议公告(节选)

……

经董事会研究决定将本公司生产设备B出售,交易价格总额为80 000元,处置净损益转为营业外收支。

……

天津滨海股份有限公司董事会

2014年12月30日

原凭5-5-2

固定资产出账通知单

被通知单位：　　2014年12月30日　　编号：

类别	资产编号	固定资产名称	规格型号	制造单位			数量	原值	折旧额		使用年限	预计残值	累计已提折旧	所在地	出账原因
				名称	日期	编号			应计折旧总额	月折旧额					
设备	03	B设备					1	250000			10		178000		出售

通知单位：　　经办人：

原凭5-5-3

固定资产处置报告单

2014年12月30日

固定资产名称	单位	数量	预计使用年限	原值	已提折旧	已提减值	预计净残值
生产设备B	台	1	10	250000	178000	10000	0
使用部门	缝制车间						
固定资产状况	出售						
处理意见	使用部门		技术鉴定小组		固定资产管理部门		主管部门审批
	同意出售		同意出售		同意出售		同意出售
	张景		王勃		李琛		朱观

原凭5-5-4

天津市服务业通用发票

(0911012323248)　　2014年12月30日　　№ 53534

客户名称	天津滨海股份有限公司			地址	天津市开发区黄海路109号						
项目	摘要	单位	数量	单价	金额						
					万	千	百	十	元	角	分
清理费							4	0	0	0	0
合计金额（大写）	肆佰元整					¥	4	0	0	0	0
注：盖有发票专用章，否则报销无效。											
服务单位	天津翔阳有限公司			地址	天津市南开路302号						

第二联　发票联　购货方记账凭证

开票人：　　收款人：　　收款单位（章）

天津翔阳有限公司 发票专用章

原凭5-5-5

中国工商银行
转账支票存根
10201232
177400854

附加信息

出票日期 2014年12月30日

收款人：天津翔阳有限公司

金　额：400.00元

用　途：清理费

单位主管　　　会计

原凭5-5-6

天津市废旧物资收购凭证

天津 发票联

出售单位：天津滨海股份有限公司　　2014年12月30日　　№ 0312058

物资名称	规格	单位	数量	单价	十	万	千	百	十	元	角	分
旧生产设备B		台	1			8	0	0	0	0	0	0
合计					¥	8	0	0	0	0	0	0
人民币（大写）	捌万元整			¥80000.00								

出售人留存

单位：　　会计：　　复核：　　开票：

天津废旧物资回收公司 发票专用章

原凭5-5-7

中国工商银行　进 账 单

2014年12月30日

付款人	全　　称	天津废旧物资回收公司	收款人	全　　称	天津滨海股份有限公司
	账　　号	02-9989056702145		账　　号	201-3456789
	开户银行	工行天津市津东分理处		开户银行	工行天津市滨海支行

人民币（大写）	捌万元整	千	百	十	万	千	百	十	元	角	分
				¥	8	0	0	0	0	0	0

票据种类	转账支票	票据张数	1
票据号码	87521021		
备注：			

中国工商银行天津市滨海支行
2014.12.30
业务
转讫

复核：　　　　记账：

任务三　固定资产折旧实训

案例 5-3　天津滨海股份有限公司固定资产有关资料如下。

期初余额

累计折旧期初余额如账 5-6 至账 5-9 所示。

账 5-6

累计折旧

户名：生产车间　　　　　　　　　　　　　　　　　　　备注

2014年		记账凭证		摘要	页数	借方											√	贷方											√	借或贷	余额											√
月	日	字	号			亿	千	百	十	万	千	百	十	元	角	分		亿	千	百	十	万	千	百	十	元	角	分			亿	千	百	十	万	千	百	十	元	角	分	
12	1			期初余额																										贷				3	6	6	8	0	0	0	0	

账 5-7

累计折旧

户名：供电车间　　　　　　　　　　　　　　　　　　　备注

2014年		记账凭证		摘要	页数	借方											√	贷方											√	借或贷	余额											√
月	日	字	号			亿	千	百	十	万	千	百	十	元	角	分		亿	千	百	十	万	千	百	十	元	角	分			亿	千	百	十	万	千	百	十	元	角	分	
12	1			期初余额																										贷				1	4	5	0	0	0	0	0	

账 5-8

累计折旧

户名：销售部门　　　　　　　　　　　　　　　　　　　备注

2014年		记账凭证		摘要	页数	借方											√	贷方											√	借或贷	余额											√
月	日	字	号			亿	千	百	十	万	千	百	十	元	角	分		亿	千	百	十	万	千	百	十	元	角	分			亿	千	百	十	万	千	百	十	元	角	分	
12	1			期初余额																										贷					8	0	0	0	0	0	0	

账 5-9

累计折旧

户名：管理部门　　　　　　　　　　备注______

<table>
<tr><th colspan="2">2014年</th><th colspan="2">记账凭证</th><th rowspan="2">摘要</th><th rowspan="2">页数</th><th colspan="11">借方</th><th rowspan="2">√</th><th colspan="11">贷方</th><th rowspan="2">√</th><th rowspan="2">借或贷</th><th colspan="11">余额</th><th rowspan="2">√</th></tr>
<tr><th>月</th><th>日</th><th>字</th><th>号</th><th>亿</th><th>千</th><th>百</th><th>十</th><th>万</th><th>千</th><th>百</th><th>十</th><th>元</th><th>角</th><th>分</th><th>亿</th><th>千</th><th>百</th><th>十</th><th>万</th><th>千</th><th>百</th><th>十</th><th>元</th><th>角</th><th>分</th><th>亿</th><th>千</th><th>百</th><th>十</th><th>万</th><th>千</th><th>百</th><th>十</th><th>元</th><th>角</th><th>分</th></tr>
<tr><td>12</td><td>1</td><td></td><td></td><td>期初余额</td><td></td><td></td><td></td><td></td><td></td><td></td><td></td><td></td><td></td><td></td><td></td><td></td><td></td><td></td><td></td><td></td><td></td><td></td><td></td><td></td><td></td><td></td><td></td><td></td><td></td><td>贷</td><td></td><td></td><td></td><td>1</td><td>1</td><td>0</td><td>0</td><td>0</td><td>0</td><td>0</td><td>0</td><td></td></tr>
<tr><td></td><td></td><td></td><td></td><td></td><td></td><td></td><td></td><td></td><td></td><td></td><td></td><td></td><td></td><td></td><td></td><td></td><td></td><td></td><td></td><td></td><td></td><td></td><td></td><td></td><td></td><td></td><td></td><td></td><td></td><td></td><td></td><td></td><td></td><td></td><td></td><td></td><td></td><td></td><td></td><td></td><td></td><td></td></tr>
</table>

公司采用直线法计提折旧。

业务原始凭证

累计折旧 2014 年 12 月经济业务原始凭证如原凭 5-6 所示。

实训要求

1. 准备记账凭证 2 张，三栏式明细账 4 张。
2. 根据业务原始凭证编制记账凭证。
3. 根据记账凭证登记累计折旧各明细账。

原凭5-6

固定资产折旧计算汇总表

编制单位：天津滨海股份有限公司　　2014年12月31日　　元

使用单位及固定资产类别	本月应提折旧固定资产原值	月折旧率/(%)	本月应提折旧额
房屋：			
剪裁车间	1 800 000	0.2	
缝制车间	1 500 000	0.2	
包装车间	1 300 000	0.2	
辅助生产车间	1 200 000	0.2	
销售部门	1 000 000	0.2	
行政管理部门	1 180 000	0.2	
小　计			
机器设备：			
剪裁车间	450 000	0.3	
缝制车间	790 000	0.3	
包装车间	280 000	0.3	
辅助生产车间	320 000	0.3	
销售部门	200 000	0.3	
行政管理部门	280 000	0.3	
小　计			
总　计			

主管：　　　　制表：

项目六

无形资产实训

实训目标

- 能对无形资产初始计量业务进行会计核算及账务处理。
- 能对无形资产后续计量业务进行会计核算及账务处理。

任务　无形资产实训

案例 6-1　天津滨海股份有限公司无形资产有关资料如下。

期初余额

无形资产有关账户期初余额如账 6-1 至账 6-5 所示。

账 6-1

无形资产

户名：＿＿＿＿＿＿＿＿　　　　　　　　备注＿＿＿＿＿＿＿＿

2014年		记账凭证		摘要	页数	借方											√	贷方											√	借或贷	余额											√
月	日	字	号			亿	千	百	十	万	千	百	十	元	角	分		亿	千	百	十	万	千	百	十	元	角	分			亿	千	百	十	万	千	百	十	元	角	分	
12	1			期初余额																										借				6	0	0	0	0	0	0	0	

账 6-2

累计摊销

户名：＿＿＿＿＿＿＿＿　　　　　　　　备注＿＿＿＿＿＿＿＿

2014年		记账凭证		摘要	页数	借方											√	贷方											√	借或贷	余额											√
月	日	字	号			亿	千	百	十	万	千	百	十	元	角	分		亿	千	百	十	万	千	百	十	元	角	分			亿	千	百	十	万	千	百	十	元	角	分	
12	1			期初余额																										贷				1	0	0	0	0	0	0	0	

注：假定无形资产月摊销率均为 2%。

账 6－3

无形资产减值准备

户名：　　　　　　　　　　　　　　　　　　　　　　备注

2014年		记账凭证		摘要	页数	借方											√	贷方											√	借或贷	余额											√
月	日	字	号			亿	千	百	十	万	千	百	十	元	角	分		亿	千	百	十	万	千	百	十	元	角	分			亿	千	百	十	万	千	百	十	元	角	分	
12	1			期初余额																										贷					2	0	0	0	0	0	0	

账 6－4

研发支出

户名：资本化支出——7号专利　　　　　　　　　　　　备注

2014年		记账凭证		摘要	页数	借方											√	贷方											√	借或贷	余额											√
月	日	字	号			亿	千	百	十	万	千	百	十	元	角	分		亿	千	百	十	万	千	百	十	元	角	分			亿	千	百	十	万	千	百	十	元	角	分	
12	1			期初余额																										借					2	0	0	0	0	0	0	

账 6－5

研发支出

户名：费用化支出——7号专利　　　　　　　　　　　　备注

2014年		记账凭证		摘要	页数	借方											√	贷方											√	借或贷	余额											√
月	日	字	号			亿	千	百	十	万	千	百	十	元	角	分		亿	千	百	十	万	千	百	十	元	角	分			亿	千	百	十	万	千	百	十	元	角	分	
12	1			期初余额																										借					1	5	0	0	0	0	0	

业务原始凭证

无形资产2014年12月经济业务原始凭证如原凭6－1－1至原凭6－4所示。

实训要求

1. 准备记账凭证5张，三栏式明细账5张。
2. 根据业务原始凭证编制记账凭证。
3. 根据记账凭证登记无形资产各明细账。

原凭 6－1－1

专利权转让合同

合同编号：科研合字（2014）第1006号

项目名称：防水透气设计

转让内容：天津腾华纺织有限公司将其所有的防水透气设计专利权作价300 000元，投入天津滨海股份有限公司，占其股本的7%。

技术受让人：（公章）　　（甲方）天津滨海股份有限公司

技术让与人：（公章）　　（乙方）天津腾华纺织有限公司

合同签订日期：2014年12月3日

合同履行期限：2014年12月3日至2015年12月30日

原凭 6－1－2

无形资产入账通知单

2014年12月08日　　编号：06

类别	资产编号	无形资产名称	数量	原值	摊销额		使用年限	累计摊销额	入账原因
					年摊销总额	月摊销额			
专利	6	防水设计	1	300000	72000	6000	4.2		投资者投入

通知单位：　　经办人：

原凭 6－2－1

领料单

材料类别：原材料　　领用部门编号：

领用部门：研发部　　2014年12月10日　　发料部门编号：

材料编号	名称及规格	计量单位	数量		金额/元	
			请领数	实发数	单价	总价
101	棉布	匹	100	100	50	5000
105	涤纶	匹	200	200	25	5000
合　计			￥10000			
用途	科研					

仓库主管：　　材料会计：　　领料员：　　经办人：　　制单：

注：领用原材料的80%符合资本化支出。

原凭6-2-2

中国工商银行
转账支票存根
10201232
17400856
附加信息

出票日期 2014 年 12 月 10 日
收款人：天津新意服装设计公司
金　额：25000.00 元
用　途：科研经费

单位主管　　　会计

注：支付款项中 80% 符合资本化支出。

原凭6-2-3

无形资产入账通知单

2014 年 12 月 10 日

编号：07

元

类别	资产编号	无形资产名称	数量	原值	摊销额		使用年限	累计摊销额	入账原因
					年摊销总额	月摊销额			
专利	7	超薄保暖	1	48000	11520	960	4.2		自主研发

通知单位：　　　　　　　　　　　　　经办人：

原凭6-3

无形资产摊销计算表

2014 年 12 月 21 日

元

项　目	待摊总额	本月分摊比例	本月应摊金额
期初无形资产	600000	2%	
防水透气设计	300000	2%	
超薄保暖设计	48000	2%	
合　计			

主管：张悦　　　　　　　　　　　　　制表人：赵丹

原凭6－4

无形资产减值测试表

2014年12月31日　　元

项　目	账面价值	市场价值	应计提减值金额
期初无形资产		490000	
防水透气设计		290000	
超薄保暖设计		48000	
合　计			

主管：张悦　　制表人：赵丹

项目七

投资性房地产实训

实训目标

- 能对采用成本模式计量的投资性房地产业务进行会计核算及账务处理。
- 能对采用公允价值模式计量的投资性房地产业务进行会计核算及账务处理。

任务一　采用成本模式计量的投资性房地产实训

案例 7-1　天津滨海股份有限公司投资性房地产有关资料如下。

期初余额

投资性房地产相关账户期初余额如账 7-1 至账 7-4 所示。

账 7-1

投资性房地产

户名：土地使用权　　　　备注

2014年		记账凭证		摘要	页数	借方											√	贷方											√	借或贷	余额											√
月	日	字	号			亿	千	百	十	万	千	百	十	元	角	分		亿	千	百	十	万	千	百	十	元	角	分			亿	千	百	十	万	千	百	十	元	角	分	
12	1			期初余额																										借		3	0	5	0	0	0	0	0	0	0	

注：该土地使用权公司准备增值后转让，目前并未出租。

账 7-2

投资性房地产累计折旧

户名：土地使用权　　　　备注

2014年		记账凭证		摘要	页数	借方											√	贷方											√	借或贷	余额											√
月	日	字	号			亿	千	百	十	万	千	百	十	元	角	分		亿	千	百	十	万	千	百	十	元	角	分			亿	千	百	十	万	千	百	十	元	角	分	
12	1			期初余额																										贷		1	0	3	7	5	0	0	0	0	0	

账 7-3

固定资产

户名：塘沽大厦　　　　　　　　　　　　　　　　　　　　　　　　备注

2014年 月	日	记账凭证 字	号	摘要	页数	借方（亿千百十万千百十元角分）	√	贷方（亿千百十万千百十元角分）	√	借或贷	余额（亿千百十万千百十元角分）	√
12	1			期初余额						借	3100000000	

账 7-4

累计折旧

户名：塘沽大厦　　　　　　　　　　　　　　　　　　　　　　　　备注

2014年 月	日	记账凭证 字	号	摘要	页数	借方（亿千百十万千百十元角分）	√	贷方（亿千百十万千百十元角分）	√	借或贷	余额（亿千百十万千百十元角分）	√
12	1			期初余额						贷	300000000	

业务原始凭证

投资性房地产业务 2014 年 12 月经济业务原始凭证如原凭 7-1-1 至原凭 7-4 所示。

实训要求

1. 准备记账凭证 4 张，三栏式明细账 9 张。
2. 根据业务原始凭证编制记账凭证。
3. 根据记账凭证登记投资性房地产业务相关明细账。

原凭7-1-1

房屋租赁合同

合同编号：14112112001

甲方（出租方）：天津滨海股份有限公司　　乙方（承租方）：天津中信国际酒店有限公司

法定地址：天津市开发区黄海路109号　　法定地址：天津市开发区东海路10号

法定代表人：张宏达　　法定代表人：黄正

依据《中华人民共和国合同法》及有关法律、法规的规定，甲、乙双方在平等、自愿、协商一致的基础上，经友好协商，于2014年11月20日签订位于塘沽区海天路1号塘沽大厦的租赁合同（以下简称"本租约"）如下。

第1章　承租区域与用途

1.1　甲方合法拥有坐落于塘沽区海天路1号塘沽大厦（以下简称"承租单元"），甲方同意将该承租单元整体出租予乙方使用。

1.2　承租单元经营范围只限承租方在其营业执照所规定的经营范围内之用。

第2章　承租期

租赁期限：5年，自2014年12月1日至2019年11月30日止。

第3章　租金、保证金、物业管理等费用及支付方式

3.1　租金按年计算，约定年租金人民币2 400 000元（月标准租金为人民币200 000元），乙方以年为付款单位，每年12月31日支付租金。

3.2　租金不包含本合同所规定的物业管理费及之外乙方应付的其他相关费用，租赁期间物业管理费及其他相关费用由乙方承担。

3.3　经甲方同意乙方提前解除租赁合同的，乙方须按3.1条款约定的标准租金，按实际承租日期将差额补齐。

3.4　若乙方未能在每年12月31日支付租金内，向甲方按时支付应支付的当年全额租金，逾期一日，乙方须按应缴总额的每日万分之五支付滞纳金。

第4章　交房标准、改造、装修及维护

……

第11章　纠纷解决及适用法律

11.1　凡因执行本合同所发生的，或与本合同有关的一切争议，应首先通过友好协商加以解决，若协商不能达成共识，任何一方可向项目所在地人民法院提起诉讼。

11.2　在争议解决过程中，除有争议部分外，本合同其他条款和内容的效力、履行及依法修订不受影响。

第12章　合同生效及其他

12.1　本合同一式4份，甲、乙双方各执两份，具有同等的法律效力。

12.2　本合同自甲、乙双方法定代表人或授权代表人签字或加盖公章，并且甲方收到本合同保证金全额之日起生效。

第13章　补充约定

……

甲方：法定代表人：张宏达　　乙方：法定代表人：黄正

委托代理人：　　委托代理人：

天津滨海股份有限公司　　天津中信国际酒店有限公司

2014年11月20日

原凭7－1－2

固定资产出账通知单

被通知单位：　　　　2014年12月01日　　　　编号：01000103

类别	资产编号	固定资产名称	规格型号	建造单位			数量	原　值	折旧额		使用年限	预计残值	累计已提折旧	所在地	出账原因
				名称	日期	编号			应计折旧总额	月折旧额					
房屋	01	塘沽大厦					1	31000000			20	1000000	3000000		出租

通知单位：　　　　经办人：

原凭7－1－3

投资性房地产入账通知单

被通知单位：　　　　2014年12月01日　　　　编号：01000110

类别	资产编号	投资性房地产名称	规格型号	建造单位			数量	原　值	折旧额		使用年限	预计残值	累计已提折旧	所在地	出账原因
				名称	日期	编号			应计折旧总额	月折旧额					
房屋	02	塘沽大厦					1	31000000			20	1000000	3000000		出租

通知单位：　　　　经办人：

原凭7－2

投资性房地产折旧计提表

2014年12月31日　　　　元

项　目	原　值	净 残 值	使用年限	月折旧额	备　注
土地使用权	30500000	500000	20	125000	准备转让
塘沽大厦	31000000	1000000	20	125000	
合　计				250000	

主管：　　　　审核：　　　　制表人：

原凭7－3

投资性房地产租金收入计算表

2014年12月31日　　　　元

项　目	合 同 号	应收时间	年租金额	月租金收入	备　注
土地使用权	未出租	—	—	—	准备转让
塘沽大厦	14112112001	2014/12/30			
合　计					

主管：　　　　审核：　　　　制表人：

注：因对方资金紧缺，未按时支付租金。

原凭7-4

投资性房地产租金营业税计算表

2014年12月31日　　　　元

项　目	计税营业额	税　率	营业税额	备　注
土地使用权	—		—	准备转让
塘沽大厦		5%		
合　计				

主管：　　　　审核：　　　　制表人：

注：房屋租赁按服务业交营业税。

任务二　采用公允价值模式计量的投资性房地产实训

案例7-2　天津滨海股份有限公司投资性房地产、在建工程等科目有关资料如下。

期初余额

投资性房地产相关账户期初余额如账7-5至账7-8所示。

账7-5

投资性房地产

户名：土地使用权（成本）　　　　备注

2014年		记账凭证		摘要	页数	借方											√	贷方											√	借或贷	余额											√
月	日	字	号			亿	千	百	十	万	千	百	十	元	角	分		亿	千	百	十	万	千	百	十	元	角	分			亿	千	百	十	万	千	百	十	元	角	分	
12	1			期初余额																										借		3	0	5	0	0	0	0	0	0	0	

注：该土地使用权公司准备增值后转让，目前并未出租。

账7-6

投资性房地产

户名：土地使用权（公允价值变动）　　　　备注

2014年		记账凭证		摘要	页数	借方											√	贷方											√	借或贷	余额											√
月	日	字	号			亿	千	百	十	万	千	百	十	元	角	分		亿	千	百	十	万	千	百	十	元	角	分			亿	千	百	十	万	千	百	十	元	角	分	
12	1			期初余额																										借			9	5	0	0	0	0	0	0	0	

账7-7

固定资产

户名：塘沽大厦　　　　备注

2014年		记账凭证		摘要	页数	借方											√	贷方											√	借或贷	余额											√
月	日	字	号			亿	千	百	十	万	千	百	十	元	角	分		亿	千	百	十	万	千	百	十	元	角	分			亿	千	百	十	万	千	百	十	元	角	分	
12	1			期初余额																										借		3	1	0	0	0	0	0	0	0	0	

账7-8

累计折旧

户名：塘沽大厦　　　　　　　　　　　　　　　　　　备注

2014年		记账凭证		摘要	页数	借方											√	贷方											√	借或贷	余额											√
月	日	字	号			亿	千	百	十	万	千	百	十	元	角	分		亿	千	百	十	万	千	百	十	元	角	分			亿	千	百	十	万	千	百	十	元	角	分	
12	1			期初余额																										贷			3	0	0	0	0	0	0	0	0	

业务原始凭证

投资性房地产业务2014年12月经济业务原始凭证如原凭7-5-1至原凭7-8所示。

实训要求

1. 准备记账凭证5张，三栏式明细账8张。
2. 根据业务原始凭证编制记账凭证。
3. 根据记账凭证登记投资性房地产业务相关明细账。

原凭 7－5－1

房屋租赁合同

合同编号：14112112001

甲方（出租方）：天津滨海股份有限公司　　乙方（承租方）：天津中信国际酒店有限公司

法定地址：天津市开发区黄海路 109 号　　法定地址：天津市开发区东海路 10 号

法定代表人：张宏达　　法定代表人：黄正

依据《中华人民共和国合同法》及有关法律、法规的规定，甲、乙双方在平等、自愿、协商一致的基础上，经友好协商，于 2014 年 11 月 20 日签订位于塘沽区海天路 1 号塘沽大厦的租赁合同（以下简称“本租约”）如下。

第 1 章　承租区域与用途

1.1　甲方合法拥有坐落于塘沽区海天路 1 号塘沽大厦（以下简称“承租单元”），甲方同意将该承租单元整体出租予乙方使用。

1.2　承租单元经营范围只限承租方在其营业执照所规定的经营范围内之用。

第 2 章　承租期

租赁期限：5 年，自 2014 年 12 月 1 日至 2019 年 11 月 30 日止。

第 3 章　租金、保证金、物业管理等费用及支付方式

3.1　租金按年计算，约定年租金人民币 2 400 000 元（月标准租金为人民币 200 000 元），乙方以年为付款单位，每年 12 月 31 日支付租金。

3.2　租金不包含本合同所规定的物业管理费及之外乙方应付的其他相关费用，租赁期间物业管理费及其他相关费用由乙方承担。

3.3　经甲方同意乙方提前解除租赁合同的，乙方须按 3.1 条款约定的标准租金，按实际承租日期将差额补齐。

3.4　若乙方未能在每年 12 月 31 日支付租金内，向甲方按时支付应支付的当年全额租金，逾期一日，乙方须按应缴总额的每日万分之五支付滞纳金。

第 4 章　交房标准、改造、装修及维护

……

第 11 章　纠纷解决及适用法律

11.1　凡因执行本合同所发生的，或与本合同有关的一切争议，应首先通过友好协商加以解决，若协商不能达成共识，任何一方可向项目所在地人民法院提起诉讼。

11.2　在争议解决过程中，除有争议部分外，本合同其他条款和内容的效力、履行及依法修订不受影响。

第 12 章　合同生效及其他

12.1　本合同一式 4 份，甲、乙双方各执两份，具有同等的法律效力。

12.2　本合同自甲、乙双方法定代表人或授权代表人签字或加盖公章，并且甲方收到本合同保证金全额之日起生效。

第 13 章　补充约定

……

甲方：法定代表人：张宏达　（天津滨海股份有限公司 印）　　乙方：法定代表人：黄正　（天津中信国际酒店有限公司 印）

委托代理人：　　委托代理人：

2014 年 11 月 20 日

原凭 7-5-2

天津市塘沽区海天路 1 号塘沽大厦房地产估价报告

项目名称：天津市塘沽区海天路 1 号塘沽大厦
委 托 人：天津滨海股份有限公司
估价机构：天津恒大房地产估价公司
估价人员：李金明　黄河
估价作业日期：二〇一四年十一月二十五日至二〇一四年十二月一日
估价报告编号：141130004

天津滨海股份有限公司：

受贵公司委托，本估价机构秉着独立、客观、公正、科学的原则，对位于天津市塘沽区海天路 1 号的塘沽大厦房地产进行价格评估。本报告估价对象按估价时点二〇一四年十一月三十日状态下的公开市场价格，估价目的是为估价对象变更管理方式提供公开市场价格参考。

在本报告中已说明的假设与限制条件下，要估价机构根据估价目的，遵循估价原则，采用科学合理的估价方法，在认真分析现有资料的基础上，经过测算，结合估价经验与对影响房地产市场价格因素进行分析，确定估价对象在市场上有足够的买方和卖方，并且进入市场无障碍的条件下，于估价时点最可能实现的市场价格总值为人民币（大写）伍仟伍佰万元整（人民币 55 000 000 元）。

天津恒大房地产估价公司
法定代表人：李金明
二〇一四年十二月一日

原凭 7-5-3

固定资产出账通知单

被通知单位：　　2014 年 12 月 01 日　　编号：01000103

类别	资产编号	固定资产名称	规格型号	建造单位 名称	建造单位 日期	建造单位 编号	数量	原值	折旧额 应计折旧总额	折旧额 月折旧额	使用年限	预计残值	累计已提折旧	所在地	出账原因
房屋	01	塘沽大厦					1	31000000			20	1000000	3000000		出租

通知单位：　　经办人：

原凭 7-5-4

投资性房地产入账通知单

被通知单位：　　2014 年 12 月 01 日　　编号：01000110

类别	资产编号	投资性房地产名称	规格型号	建造单位 名称	建造单位 日期	建造单位 编号	数量	原值	折旧额 应计折旧总额	折旧额 月折旧额	使用年限	预计残值	累计已提折旧	所在地	出账原因
房屋	02	塘沽大厦					1	55000000			20				出租

通知单位：　　经办人：

原凭7-6

投资性房地产租金收入计算表

2014年12月31日　　元

项　目	合同号	应收时间	年租金额	月租金收入	备　注
土地使用权	未出租				准备转让
塘沽大厦	14112112001	2014/12/30			
合　计					

主管：　　审核：　　制表人：

注：因对方资金紧缺，未按时支付租金。

原凭7-7

投资性房地产租金税金计算表

2014年12月31日　　元

项　目	计税营业额	税　率	营业税额	备　注
土地使用权	—		—	准备转让
塘沽大厦		5%		
合　计				

主管：　　审核：　　制表人：

注：房屋租赁按服务业交营业税。

原凭7-8

投资性房地产公允价值变动计算表

编制单位：天津滨海股份有限公司　　2014年12月31日　　元

项　目	原值（成本）	期初公允价值变动余额	期末公允价值	本期公允价值变动额	备　注
土地使用权	30500000	9500000（借）	38000000		准备转让
塘沽大厦	55000000		56000000		
合　计	85500000	9500000	94000000		

主管：　　审核：　　制表人：

项目八

非货币性资产交换实训

实训目标

- 能够对以公允价值计量的非货币性资产交换业务进行会计核算及账务处理。
- 能够对以账面价值计量的非货币性资产交换业务进行会计核算及账务处理。
- 能够对涉及补价的非货币性资产交换业务进行会计核算及账务处理。

任务一　以公允价值计量的实训

案例 8-1 天津滨海股份有限公司非货币性资产交换有关资料如下。

期初余额

待交换的资产期初余额如账 8-1 至账 8-5 所示。

账 8-1

固定资产

户名：甲型设备　　　　　　　　　　　　　　　　　　备注

2014年		记账凭证		摘要	页数	借方											√	贷方											√	借或贷	余额											√
月	日	字	号			亿	千	百	十	万	千	百	十	元	角	分		亿	千	百	十	万	千	百	十	元	角	分			亿	千	百	十	万	千	百	十	元	角	分	
12	1			期初余额																										借			1	2	0	0	0	0	0	0	0	

账 8-2

累计折旧

户名：甲型设备　　　　　　　　　　　　　　　　　　备注

2014年		记账凭证		摘要	页数	借方											√	贷方											√	借或贷	余额											√
月	日	字	号			亿	千	百	十	万	千	百	十	元	角	分		亿	千	百	十	万	千	百	十	元	角	分			亿	千	百	十	万	千	百	十	元	角	分	
12	1			期初余额																										贷				3	0	0	0	0	0	0	0	

账 8-3

固定资产

户名：乙型设备　　　　　　　　　　　　　　备注______

2014年		记账凭证		摘要	页数	借方											√	贷方											√	借或贷	余额											√
月	日	字	号			亿	千	百	十	万	千	百	十	元	角	分		亿	千	百	十	万	千	百	十	元	角	分			亿	千	百	十	万	千	百	十	元	角	分	
12	1			期初余额																										借				6	0	0	0	0	0	0	0	

账 8-4

累计折旧

户名：乙型设备　　　　　　　　　　　　　　备注______

2014年		记账凭证		摘要	页数	借方											√	贷方											√	借或贷	余额											√
月	日	字	号			亿	千	百	十	万	千	百	十	元	角	分		亿	千	百	十	万	千	百	十	元	角	分			亿	千	百	十	万	千	百	十	元	角	分	
12	1			期初余额																										贷				1	5	0	0	0	0	0	0	

账 8-5

固定资产清理

户名：______　　　　　　　　　　　　　　备注______

2014年		记账凭证		摘要	页数	借方											√	贷方											√	借或贷	余额											√
月	日	字	号			亿	千	百	十	万	千	百	十	元	角	分		亿	千	百	十	万	千	百	十	元	角	分			亿	千	百	十	万	千	百	十	元	角	分	
12	1			期初余额																										平									0	0	0	

业务原始凭证

资产交换 2014 年 12 月经济业务原始凭证如原凭 8-1-1 至原凭 8-2-5 所示。

实训要求

1. 准备记账凭证 4 张，三栏式明细账 5 张。
2. 根据业务原始凭证编制记账凭证。
3. 根据记账凭证登记非货币性交易涉及的明细账。

原凭8－1－1

非货币性资产交换合同

编号：第12号

交换甲方：（公章）　　　　　　　　（甲方）天津滨海股份有限公司

甲方出让物及相关信息：甲型设备，账面价值900 000元，公允价值1 170 000元。

交换乙方：（公章）　　　　　　　　（乙方）天津东纺有限公司

乙方出让物及相关信息：自制棉布，账面价值1 000 000元，公允价值1 000 000元。
甲乙双方均已证实合同内容真实有效，愿互相置换，不涉及任何补价。

合同签订日期：2014年11月15日
合同履行期限：2014年11月15日至2014年12月15日

原凭8－1－2

固定资产出账通知单

被通知单位：　　　　2014年12月01日　　　　编号：

类别	资产编号	固定资产名称	规格型号	建造单位			数量	原值	折旧额		使用年限	预计残值	累计已提折旧	所在地	出账原因
				名称	日期	编号			应计折旧总额	月折旧额					
设备	01	甲					1	1200000			10	60000	300000		交换

通知单位：　　　　　　　　经办人：

原凭8－1－3

材料入库验收单

售货单位：　　　　　　　　验字第1号
单据号数：　　　2014年12月01日　　　结算方式：

材料编号	名称及规格	计量单位	数量		实际金额/元	
			采购	实收	单价	总价
			40000	40000	25	1000000
101	棉布	匹	运费/元		合计/元	
验收意见	合格		单价	总价	单价	总价
入库时间	2014.12.01				25	1000000

仓库主管：　　材料会计：　　收料员：　　经办人：　　制单：

原凭8-1-4

天津增值税专用发票

发　票　联

№

开票日期:2014 年 11 月 26 日

购货单位	名　　　称:天津滨海股份有限公司 纳税人识别号:120111786065315 5 地 址 、电 话:天津市开发区黄海路 109 号　022-85556666 开户行及账户:工行天津市滨海支行　201-3456789			密码区	47/-3947/->59*<818<90 7>/0/433>2*3-0+672<7* 1+-<<51+41+>*>58*8460 7658765<56+*31/58>>00		
商品名称	规格型号	单位	数量	单价	金额	税率	税额
棉布	jcp	匹	40 000	25.00	1 000 000.00	17%	170 000.00
合　计					¥1 000 000.00		¥170 000.00
价税合计(大写)	⊗壹佰壹拾柒万元整				(小写) ¥1 170 000.00		
销货单位	名　　　称:天津东纺有限公司 纳税人识别号:120204637288785 地 址 、电 话:天津市泰安道 2940 号　022-27489698 开户行及账户:农行天津市泰安道支行　356-987653246			备注			

纳税人:　　　　复核:　　　　开票人:刘钱　　　　销货单位(章)

第二联　发票联　购货方记账凭证

原凭8-2-1

非货币性资产交换合同

编号:第 13 号

交换甲方:(公章)　　　　(甲方)天津滨海股份有限公司

甲方出让物及相关信息:乙型设备,账面价值 450 000 元,公允价值 485 000 元。

交换乙方:(公章)　　　　(乙方)天津东纺有限公司

乙方出让物及相关信息:自制棉布,账面价值 500 000 元,公允价值 500 000 元。

甲乙双方均已证实合同内容真实有效,愿互相置换,甲方支付乙方补价 100 000 元。

合同签订日期:2014 年 12 月 5 日

合同履行期限:2014 年 12 月 5 日至 2014 年 12 月 15 日

原凭8-2-2

固定资产出账通知单

被通知单位：　　　　2014年12月10日　　　　编号：

类别	资产编号	固定资产名称	规格型号	建造单位			数量	原值	折旧额		使用年限	预计残值	累计已提折旧	所在地	出账原因
				名称	日期	编号			应计折旧总额	月折旧额					
设备	02	乙					1	600000			10	30000	150000		交换

通知单位：　　　　经办人：

原凭8-2-3

材料入库验收单

售货单位：　　　　验字第2号

单据号数：　　　　2014年12月10日　　　　结算方式：

材料编号	名称及规格	计量单位	数量		实际金额/元	
			采购	实收	单价	总价
			20000	20000	25	500000
101	棉布	匹	运费/元		合计/元	
验收意见	合格		单价	总价	单价	总价
入库时间	2014.12.10				25	500000

仓库主管：　　材料会计：　　收料员：　　经办人：　　制单：

原凭8-2-4

天津增值税专用发票

（全国统一发票监制章 天津 国家税务总局监制）

发票联

№

开票日期：2014年11月26日

购货单位	名称：天津滨海股份有限公司 纳税人识别号：120111786065315 地址、电话：天津市开发区黄海路109号 022-85556666 开户行及账户：工行天津市滨海支行 201-3456789			密码区	47/-3947/->59*<818<90 7>/0/433>2*3-0+672<7* 1+-<<51+41+>*>58*8460 7658765<56+*31/58>>00		
商品名称	规格型号	单位	数量	单价	金额	税率	税额
棉布	jcp	匹	20 000	25.00	500 000.00	17%	85 000.00
合计					¥500 000.00		¥85 000.00
价税合计（大写）	⊗伍拾捌万伍仟元整				（小写）¥585 000.00		
销货单位	名称：天津东纺有限公司 纳税人识别号：120204637288785 地址、电话：天津市泰安道2940号 022-27489698 开户行及账户：农行天津市泰安道支行 356-987653246			备注	（天津东纺有限公司 120204637288785 发票专用章）		

纳税人：　　复核：　　开票人：刘钱　　销货单位（章）

第二联　发票联　购货方记账凭证

原凭8-2-5

中国工商银行
转账支票存根
10201232
17400857

附加信息

出票日期 2014 年 12 月 10 日

收款人：	天津东纺有限公司
金　额：	100000.00 元
用　途：	支付补价

单位主管　　　　会计

任务二　以换出资产账面价值计量的实训

案例 8-2　天津滨海股份有限公司非货币性资产交换有关资料如下。

期初余额

待交换的资产期初余额如账 8-6 至账 8-10 所示。

账 8-6

固定资产

户名：仓库　　　　　　　　　　　　　　　　备注

2014年 月	日	记账凭证 字	号	摘要	页数	借方（亿千百十万千百十元角分）	√	贷方（亿千百十万千百十元角分）	√	借或贷	余额（亿千百十万千百十元角分）	√
12	1			期初余额						借	80000000	

账 8-7

累计折旧

户名：仓库　　　　　　　　　　　　　　　　备注

2014年 月	日	记账凭证 字	号	摘要	页数	借方（亿千百十万千百十元角分）	√	贷方（亿千百十万千百十元角分）	√	借或贷	余额（亿千百十万千百十元角分）	√
12	1			期初余额						贷	30000000	

账 8-8

固定资产

户名：提花机　　　　　　　　　　　　　　　　备注

2014年 月	日	记账凭证 字	号	摘要	页数	借方（亿千百十万千百十元角分）	√	贷方（亿千百十万千百十元角分）	√	借或贷	余额（亿千百十万千百十元角分）	√
12	1			期初余额						借	75000000	

账 8－9

累计折旧

户名：提花机　　　　　　　　　　备注

2014年		记账凭证		摘要	页数	借方											√	贷方											√	借或贷	余额											√
月	日	字	号			亿	千	百	十	万	千	百	十	元	角	分		亿	千	百	十	万	千	百	十	元	角	分			亿	千	百	十	万	千	百	十	元	角	分	
12	1			期初余额																										贷				2	5	0	0	0	0	0	0	

账 8－10

固定资产清理

户名：　　　　　　　　　　备注

2014年		记账凭证		摘要	页数	借方											√	贷方											√	借或贷	余额											√
月	日	字	号			亿	千	百	十	万	千	百	十	元	角	分		亿	千	百	十	万	千	百	十	元	角	分			亿	千	百	十	万	千	百	十	元	角	分	
12	1			期初余额																										平									0	0	0	

业务原始凭证

资产交换 2014 年 12 月经济业务原始凭证如原凭 8－3－1 至原凭 8－4－4 所示。

实训要求

1. 准备记账凭证 4 张，三栏式明细账 5 张。
2. 根据业务原始凭证编制记账凭证。
3. 根据记账凭证登记非货币性交易涉及的明细账。

原凭 8-3-1

非货币性资产交换合同

编号:第 13 号

交换甲方:(公章)　　　　　　　　　　　　(甲方)天津滨海股份有限公司

甲方出让物及相关信息:仓库(天津市开发区十三大街 1009 号),账面价值 450 000 元(原值 500 000 元,已计提折旧 50 000 元,未计提减值损失,尚可使用 15 年),无法取得公允价值。

交换乙方:(公章)　　　　　　　　　　　　(乙方)天津致远服装有限公司

乙方出让物及相关信息:店铺(天津市河东区成林 3456 号),账面价值 500 000 元(原值 800 000元,已计提折旧 300 000 元,未计提减值损失,尚可使用 13 年),无法取得公允价值。

甲乙双方均已证实合同内容真实有效,愿互相置换,双方约定甲方支付乙方补价 50 000 元。

合同签订日期:2014 年 12 月 5 日

合同履行期限:2014 年 12 月 5 日至 2014 年 12 月 25 日

原凭 8-3-2

固定资产出账通知单

被通知单位:天津滨海股份有限公司　　　　2014 年 12 月 08 日　　　　编号:

类别	资产编号	固定资产名称	规格型号	建造单位			数量	原　值	折旧额		使用年限	预计残值	累计已提折旧	所在地	出账原因
				名称	日期	编号			应计折旧总额	月折旧额					
房屋	01	仓库					1	500000			20	3000	50000		交换

通知单位:　　　　　　　　　　　　经办人:

原凭 8-3-3

固定资产入账通知单

被通知单位:天津滨海股份有限公司　　　　2014 年 12 月 08 日　　　　编号:

类别	资产编号	固定资产名称	规格型号	建造单位			数量	原　值	折旧额		使用年限	预计残值	累计已提折旧	所在地	出账原因
				名称	日期	编号			应计折旧总额	月折旧额					
房屋	01	店铺					1	500000			13	50000			交换

通知单位:　　　　　　　　　　　　经办人:

原凭 8-3-4

中国工商银行
转账支票存根
10201232
17400858

附加信息
出票日期 2014 年 12 月 08 日
收款人：天津致远服装有限公司
金　额：50000.00 元
用　途：支付补价
单位主管　　　　会计

原凭 8-4-1

非货币性资产交换合同

编号：第 14 号

交换甲方：(公章)　天津滨海股份有限公司　　　　(甲方)天津滨海股份有限公司

甲方出让物及相关信息：提花机，账面价值 500 000 元(原值 750 000 元，已计提折旧 250 000 元，未计提减值损失，尚可使 6 年)，无法取得公允价值。

交换乙方：(公章)　天津大通服装有限公司　　　　(乙方)天津大通服装有限公司

乙方出让物及相关信息：印染机，账面价值 420 000 元(原值 600 000 元，已计提折旧 180 000 元，未计提减值损失，尚可使用 6 年)，无法取得公允价值。

甲乙双方均已证实合同内容真实有效，愿互相置换，双方约定乙方支付甲方补价 100 000 元。

合同签订日期：2014 年 12 月 15 日

合同履行期限：2014 年 12 月 15 日至 2014 年 12 月 25 日

原凭8-4-2

固定资产出账通知单

被通知单位：天津滨海股份有限公司　　　　2014年12月15日　　　　编号：

类别	资产编号	固定资产名称	规格型号	建造单位			数量	原　值	折旧额		使用年限	预计残值	累计已提折旧	所在地	出账原因
				名称	日期	编号			应计折旧总额	月折旧额					
设备	03	提花					1	750000			10	50000	250000		交换

通知单位：　　　　　　　　　　经办人：

原凭8-4-3

固定资产入账通知单

被通知单位：天津滨海股份有限公司　　　　2014年12月15日　　　　编号：

类别	资产编号	固定资产名称	规格型号	建造单位			数量	原　值	折旧额		使用年限	预计残值	累计已提折旧	所在地	出账原因
				名称	日期	编号			应计折旧总额	月折旧额					
房屋	01	店铺					1	400000			6	20000			交换

通知单位：　　　　　　　　　　经办人：

原凭8-4-4

中国工商银行　进 账 单

2014年12月15日

付款人		收款人	
全　称	天津大通服装有限公司	全　称	天津滨海股份有限公司
账　号	408-23894872	账　号	201-3456789
开户银行	工行天津市河北路支行	开户银行	工行天津市滨海支行

人民币（大写）	千	百	十	万	千	百	十	元	角	分
壹拾万元整		¥	1	0	0	0	0	0	0	0

票据种类	转账支票	票据张数	1
票据号码	69874561		

备注：

中国工商银行天津市滨海支行
2014.12.15
业务
转讫

复核：　　　　记账：

项目九
负债实训

实训目标

- 能对短期借款业务进行会计核算及账务处理。
- 能对应付账款业务进行会计核算及账务处理。
- 能对应付票据业务进行会计核算及账务处理。
- 能对应付职工薪酬业务进行会计核算及账务处理。
- 能对应交税费业务进行会计核算及账务处理。

任务一　短期借款实训

案例 9－1　天津滨海股份有限公司短期借款有关资料如下。

期初余额

短期借款期初余额如账 9－1 所示。

账 9－1

短期借款

户名：天津恒源股份有限公司　　　　备注______

2014年		记账凭证		摘要	页数	借方											√	贷方											√	借或贷	余额											√
月	日	字	号			亿	千	百	十	万	千	百	十	元	角	分		亿	千	百	十	万	千	百	十	元	角	分			亿	千	百	十	万	千	百	十	元	角	分	
12	1			期初余额																										贷				1	0	0	0	0	0	0	0	

注：该短期借款为 2014 年 9 月 10 日借入，期限 3 个月，年利率 6%。

业务原始凭证

短期借款 2014 年 12 月经济业务原始凭证如原凭 9－1－1 至原凭 9－2－3 所示。

实训要求

1. 准备记账凭证 3 张，三栏式明细账 2 张。
2. 根据业务原始凭证编制记账凭证。
3. 根据记账凭证登记短期借款明细账。

原凭 9-1-1

借款合同书

2014 年 12 月 2 日

甲方：中国银行天津市滨海分行

乙方：天津滨海股份有限公司

经甲、乙双方友好协商达成如下借款合同，双方应严格履行。

一、借款金额

壹拾贰万元人民币。

二、借款用途

公司基本建设工程付款。

三、借款时间及本息结算还款办法

借款时间：2014 年 12 月 2 日至 2015 年 12 月 2 日。年利率 5%，还款时本息一次付清。乙方若有资金和还款能力提前还款，甲方同意乙方提前一周声明并按实际使用时间归还本息。

四、质押物品及化解风险的措施

乙方用房产使用证做抵押。若乙方不能按时归还本息，甲方有权将抵押房屋变卖收回本息。

五、上述合同一式 3 份，自签字到款之日起生效。甲、乙双方及担保证人各存一份。若有争议，协商解决。

（印章：中国银行天津市滨海分行）　　（印章：天津滨海股份有限公司）

甲方签字盖章：李进　　　　乙方签字盖章：张宏达

原凭 9-1-2

中国银行　借款凭证

第　　页

实际发出日期：　　2014 年 12 月 02 日　　凭证编号：I00474013

借款人	天津滨海股份有限公司		贷款账号	404-2838567	存款账号	203-6456789
贷款金额	人民币（大写）	壹拾贰万元整			千 百 十 万 千 百 十 元 角 分	¥ 1 2 0 0 0 0 0 0
用途	固贷	期限	约定还款日期		2015 年 12 月 02 日	
		1 年	贷款利率	5%	借款合同号码	e0059

兹借到上列贷款，保证按规定用途使用，不作他用，到期时请凭此证收回贷款。（借款人印鉴）	分次还款记录					
	日期			还款金额	余额	
	年	月	日			

（印章：中国银行天津市滨海分行　经办 2014.12.02 复核　业务　转讫）

银行审批意见　　　行长　　　信贷科长　　　信贷员

原凭 9-2-1

付款申请书

2014年12月10日

付款单位：天津滨海股份有限公司			申请人：王娜
付款原因：偿还短期借款及利息			
付款金额：人民币（大写）壹拾万零壹仟伍佰元整			
付款方式：现金	支票	电汇√	其他
收款单位：天津恒源股份有限公司			
收款单位开户银行及账号：工行郑州市分行　12-123456789012			
财务主管审批：郑晓燕			单位负责人签字：李斌

原凭 9-2-2

中国工商银行电汇凭证（借方凭证）

2

NO.：20111201

□普通　□加急　　委托日期：　2014年12月10日

汇款人	全称	天津滨海股份有限公司	收款人	全称	天津恒源股份有限公司
	账号	200810036		账号	12-123456789012
	汇出地点	省　天津　市/县		汇入地点	省　天津　市/县
汇出行名称		建行天津市宏达支行	汇入行名称		工行唐家口支行
金额	人民币（大写）	壹拾万元零壹仟伍佰元整	亿千百十万千百十元角分		¥10150000
此汇款支付给收款人。 汇款人签章			支付密码		
			附加信息及用途：偿还借款 复核　记账		

工行滨海分行 2014.12.28 业务 转讫

此联汇出行作借方凭证

原凭 9-2-3

利息计算单

2014年12月10日

日期	项目	金额/元
2014年12月	天津恒源股份有限公司短期借款	100000×6%÷12×3=1500
合计		1500

主管：　　　　制表：

任务二　应付账款实训

案例 9-2　天津滨海股份有限公司应付账款有关资料如下。

期初余额

应付账款期初余额如账 9-2 至账 9-4 所示。

账 9-2

应付账款

户名：天津腾华纺织有限公司　　　　　　　　　　　　　　备注＿＿＿＿＿＿

2014年		记账凭证		摘要	页数	借方											√	贷方											√	借或贷	余额											√
月	日	字	号			亿	千	百	十	万	千	百	十	元	角	分		亿	千	百	十	万	千	百	十	元	角	分			亿	千	百	十	万	千	百	十	元	角	分	
12	1			期初余额																										贷					5	0	0	0	0	0	0	

注：该账户余额为 2014 年 10 月 30 日购入材料产生的应付账款。

账 9-3

应付账款

户名：天津东纺有限公司　　　　　　　　　　　　　　备注＿＿＿＿＿＿

2014年		记账凭证		摘要	页数	借方											√	贷方											√	借或贷	余额											√
月	日	字	号			亿	千	百	十	万	千	百	十	元	角	分		亿	千	百	十	万	千	百	十	元	角	分			亿	千	百	十	万	千	百	十	元	角	分	
12	1			期初余额																										贷					7	0	2	0	0	0	0	

注：该账户余额为 2014 年 6 月 30 日购入材料产生的应付账款。

账 9-4

应付账款

户名：天津浩然材料有限公司　　　　　　备注________

2014年		记账凭证		摘要	页数	借方											√	贷方											√	借或贷	余额											√
月	日	字	号			亿	千	百	十	万	千	百	十	元	角	分		亿	千	百	十	万	千	百	十	元	角	分			亿	千	百	十	万	千	百	十	元	角	分	
12	1			期初余额																										贷					2	0	0	0	0	0	0	

注：该账户余额为2013年10月30日购入材料产生的应付账款。

本案例涉及存货的，采用实际成本法核算。

业务原始凭证

应付账款2014年12月经济业务原始凭证如原凭9-3-1至原凭9-5所示。

实训要求

1. 准备记账凭证3张，三栏式明细账3张。
2. 根据业务原始凭证编制记账凭证。
3. 根据记账凭证登记应付账款各明细账。

原凭9－3－1

天津增值税专用发票

发 票 联

№

开票日期:2014 年 12 月 02 日

购货单位	名　　称:天津滨海股份有限公司 纳税人识别号:120111786065315 地 址 、电 话:天津市开发区黄海路 109 号　022－85556666 开户行及账户:工行天津市滨海支行　201－3456789				密码区	47/－3947/－>59＊<818<90 7>/0/433>2＊3－0+672<7＊ 1+－<<51+41+>＊>58＊8460 7658765<56+＊31/58>>00		
商品名称	规格型号	单位	数量	单价	金额	税率	税额	
棉布	jcp	匹	10 000	10. 50	105 000. 00	17%	17 850. 00	
合　计					¥105 000. 00		¥17 850. 00	
价税合计(大写)	⊗壹拾贰万贰仟捌佰伍拾元整					(小写) ¥122 850. 00		
销货单位	名　　称:天津腾华纺织有限公司 纳税人识别号:120200999998785 地 址 、电 话:天津市云南路 2990 号　022－23489898 开户行及账户:工行天津市云南支行　344－348776678990				备注	天津腾华纺织有限公司 120200999998785 发票专用章		

第二联 发票联 购货方记账凭证

纳税人:　　　　复核:　　　　开票人:刘钱　　　　销货单位(章)

原凭9－3－2

材料入库验收单

售货单位:天津腾华纺织有限公司　　　　验字第　　号

单据号数:001　　　　2014 年 12 月 02 日　　　　结算方式:

材料编号	名称及规格	计量单位	数量		实际金额/元	
			采购	实收	单价	总价
			10000	10000	10. 5	105000. 00
M001	棉布	匹	运费/元		合计/元	
验收意见	合格		单价	总价	单价	总价
入库时间	12 月 02 日				10. 5	105000. 00

仓库主管:　　　　材料会计:　　　　收料员:　　　　经办人:　　　　制单:

原凭9－4

中国工商银行
转账支票存根
10201232
17400859

附加信息

出票日期 2014 年 12 月 20 日

收款人:天津东纺有限公司

金　额:70200. 00 元

用　途:偿还欠款

单位主管　　　　会计

原凭9-5

应付账款转销申请书

2014年12月31日

由于天津浩然材料有限公司已于2014年10月31日宣告破产，应付该公司货款20000元（贰万元整）无法偿还，特向公司领导报批，经批准予以转销。

总经理：朱观　　　　　　　　　　会计主管：李财

2014年12月31日　　　　　　　　2014年12月31日

任务三　应付票据实训

案例9-3　天津滨海股份有限公司应付票据有关资料如下。

期初余额

应付账款期初余额如账9-5和账9-6所示。

账9-5

应付票据

户名：天津东纺有限公司　　　　备注

2014年		记账凭证		摘要	页数	借方											√	贷方											√	借或贷	余额											√
月	日	字	号			亿	千	百	十	万	千	百	十	元	角	分		亿	千	百	十	万	千	百	十	元	角	分			亿	千	百	十	万	千	百	十	元	角	分	
12	1			期初余额																										贷					1	0	0	0	0	0	0	

注：该账户余额为2014年10月30日购入材料时签发的6个月到期的不带息商业汇票。

账9-6

应付票据

户名：天津新文化有限公司　　　　备注

2014年		记账凭证		摘要	页数	借方											√	贷方											√	借或贷	余额											√
月	日	字	号			亿	千	百	十	万	千	百	十	元	角	分		亿	千	百	十	万	千	百	十	元	角	分			亿	千	百	十	万	千	百	十	元	角	分	
12	1			期初余额																										贷					8	6	0	0	0	0	0	

注：该账户余额为2014年11月26日签发的1个月到期的商业汇票，年利率6%。

业务原始凭证

应付票据2014年12月经济业务原始凭证如原凭9-6-1至原凭9-8所示。

实训要求

1. 准备记账凭证3张，三栏式明细账2张。
2. 根据业务原始凭证编制记账凭证。
3. 根据记账凭证登记应付票据各明细账。

原凭9-6-1

天津增值税专用发票

发　票　联

№

开票日期:2014年12月23日

购货单位	名　　　称:天津滨海股份有限公司 纳税人识别号:120111786065 3155 地 址 、电 话:天津市开发区黄海路109号　022-85556666 开户行及账户:工行天津市滨海支行　201-3456789				密码区	47/-3947/->59*<818<90 7>/0/433>2*3-0+672<7* 1+-<<51+41+>*>58*8460 7658765<56+*31/58>>00		
商品名称	规格型号	单位	数量	单价	金额	税率	税额	
涤纶	jcp	匹	8 000	8	64 000.00	17%	10 880.00	
合　计					¥64 000.00		¥10 880.00	
价税合计(大写)	⊗柒万肆仟捌佰捌拾元整				(小写)¥74 880.00			
销货单位	名　　　称:天津东纺有限公司 纳税人识别号:120204637288785 地 址 、电 话:天津市泰安道2940号　022-27489698 开户行及账户:农行天津市泰安道支行　356-987653246				备注	天津东纺有限公司 120204637288785 发票专用章		

纳税人:　　　　复核:　　　　开票人:刘钱　　　　销货单位(章)

第二联　发票联　购货方记账凭证

原凭9-6-2

材料入库验收单

售货单位:天津腾华纺织有限公司　　　　验字第　　号

单据号数:001　　　　2014年12月23日　　　　结算方式:

材料编号	名称及规格	计量单位	数量		实际金额/元	
			采购	实收	单价	总价
			8000	8000	8	64000.00
M002	涤纶	匹	运费/元		合计/元	
验收意见	合格		单价	总价	单价	总价
入库时间	2014年12月23日				8	64000.00

仓库主管:　　　材料会计:　　　收料员:　　　经办人:　　　制单:

原凭 9－6－3

商业承兑汇票(存根)　3

10200000
20000001

出票日期（大写）贰零壹肆年壹拾贰月贰拾叁日

付款人	全　称	天津滨海股份有限公司	收款人	全　称	天津东纺有限公司
	账　号	201－3456789		账　号	359－987653246
	开户银行	工行天津市滨海支行		开户银行	农行天津市泰安道支行
出票金额	人民币（大写）	柒万肆仟捌佰捌拾元整			
汇票到期日（大写）	贰零壹伍年零叁月贰拾叁日		付款人开户行	行号	201
交易合同号码	569240			地址	天津市开发区金融街506号
备注：					

亿	千	百	十	万	千	百	十	元	角	分
			¥	7	4	8	8	0	0	0

原凭 9－7

利 息 计 算 单

日　期	项　目	金额/元
2014年12月26日	应付票据计息（新文化）	86000×6%÷12×1=430
合　计		430

主管：　　　　　　　　　　　　　　　　　　　　　　制表：

原凭 9－8

委托收款凭证(付款通知)　1

邮　　　　委托日期 2014年12月26日　　　　委托号码　第00329号

付款人	全　称	天津滨海股份有限公司	收款人	全　称	天津新文化有限公司
	账　号	201－3456789		账　号	027－283255467
	开户银行	工行天津市滨海支行		开户银行	建行天津市河东支行
出票金额	人民币（大写）	捌万陆仟肆佰叁拾元整			
款项内容	商业承兑到期	委托收款凭证名称	商业承兑汇票	附寄单证张数	1张
备注：		款项收托日期　　年　月　日		收款人开户银行签章	
单位主管	会计	复核	记账		

千	百	十	万	千	百	十	元	角	分
		¥	8	6	4	3	0	0	0

中国建设银行天津市河东支行
2014.12.26
业务
转讫

任务四　应付职工薪酬实训

案例9-4　天津滨海股份有限公司应付职工薪酬有关资料如下。

期初余额

应付职工薪酬期初余额如账9-7所示。

账9-7

应付职工薪酬

户名：　　　　　　　　　　　　　　　　　　　　　备注

2014年		记账凭证		摘要	页数	借方											√	贷方											√	借或贷	余额											√
月	日	字	号			亿	千	百	十	万	千	百	十	元	角	分		亿	千	百	十	万	千	百	十	元	角	分			亿	千	百	十	万	千	百	十	元	角	分	
12	1			期初余额																										平									0	0	0	

业务原始凭证

应付职工薪酬2014年12月经济业务原始凭证如原凭9-9-1至原凭9-11-3所示。

实训要求

1. 准备记账凭证7张，三栏式明细账1张。
2. 根据业务原始凭证编制记账凭证。
3. 根据记账凭证登记应付职工薪酬明细账。

原凭 9－9－1

工资结算汇总表

2014 年 12 月　　　　元

部　门		应付工资	代扣款项						实发工资
			医疗保险	养老保险	大额医疗基金	住房公积金	失业保险	个人所得税	
加工车间	生产工人	120000	960	7800	1000	12000	1200	1080	95960
	管理人员	15000	160	1200	150	1500	150	120	11720
	小计	135000	1120	9000	1150	13500	1350	1200	107680
机修车间		24000	192	1500	200	2400	240	210	19258
动力车间		26000	220	1680	220	2600	260	180	20840
行政管理部门		50000	400	2500	450	5000	500	350	40800
合　计		235000	1932	14680	2020	23500	2350	1940	188578

财务负责人：　　　　　　　　　　制表人：

原凭 9－9－2

工资分配汇总表

2014 年 12 月　　　　元

科目＼部门	加工车间	机修车间	动力车间	行政管理部门	合　计
生产成本	120000				120000
制造费用	15000	24000	26000		65000
管理费用				50000	50000
合　计	135000	24000	26000	50000	235000

财务负责人：　　　　　　　　　　制表人：

原凭 9－10

中国工商银行
转账支票存根
10201232
17400860
附加信息

出票日期 2014 年 12 月 31 日
收款人：天津滨海股份有限公司
金　额：188578.00 元
用　途：发放工资

单位主管　　　　会计

原凭 9-11-1

出库单

领用部门：管理部门　　　　2014年12月31日　　　　元

产品编号	名称及规格	数量	计量单位	成本		市场价	
				单价	总价	单价	总价
1008	羊绒大衣	30	件	900	27000	1000	30000
用途		给职工发放福利					

仓库主管：　　材料会计：　　领料员：　　经办人：　　制单：

原凭 9-11-2

出库单

领用部门：生产车间　　　　2014年12月31日　　　　元

产品编号	名称及规格	数量	计量单位	成本		市场价	
				单价	总价	单价	总价
1008	羊绒大衣	170	件	900	153000	1000	170000
用途		给职工发放福利					

仓库主管：　　材料会计：　　领料员：　　经办人：　　制单：

原凭 9-11-3

福利发放通知

各部门、车间：

为感谢广大职工在2014年的辛勤工作，值此新年之际，将给每位职工发放自产羊绒大衣一件，以表感谢。

总经理：朱观　　　　财务总监：李财

天津滨海股份有限公司总经理办公室

总理办公室

2014年12月28日

任务五　应交税费实训

案例 9-5　天津滨海股份有限公司应交税费有关资料如下。

期初余额

应交税费期初余额如账 9-8 至账 9-12 所示。

账 9-8

应交税费

户名：增值税　　　　　　　　　　　　　　　　　　　　　　备注

2014年		记账凭证		摘要	页数	借方											√	贷方											√	借或贷	余额											√
月	日	字	号			亿	千	百	十	万	千	百	十	元	角	分		亿	千	百	十	万	千	百	十	元	角	分			亿	千	百	十	万	千	百	十	元	角	分	
12	1			期初余额																									贷				2	4	9	3	4	0	9	0	

注：该账户余额为 2014 年 11 月应交未交的增值税。

账 9-9

应交税费

户名：营业税　　　　　　　　　　　　　　　　　　　　　　备注

2014年		记账凭证		摘要	页数	借方											√	贷方											√	借或贷	余额											√
月	日	字	号			亿	千	百	十	万	千	百	十	元	角	分		亿	千	百	十	万	千	百	十	元	角	分			亿	千	百	十	万	千	百	十	元	角	分	
12	1			期初余额																									贷						5	4	0	0	0	0	

注：该账户余额为 2014 年 11 月应交未交的营业税。

账 9-10

应交税费

户名：消费税　　　　　　　　　　　　　　　　　　　　　　备注

2014年		记账凭证		摘要	页数	借方											√	贷方											√	借或贷	余额											√
月	日	字	号			亿	千	百	十	万	千	百	十	元	角	分		亿	千	百	十	万	千	百	十	元	角	分			亿	千	百	十	万	千	百	十	元	角	分	
12	1			期初余额																									贷						3	1	0	0	0	0	

注：该账户余额为 2014 年 11 月应交未交的消费税。

账 9－11

应交税费

户名：城建税　　　　　　　　　　　　　　　　备注＿＿＿＿＿＿

2014年		记账凭证		摘要	页数	借方											√	贷方											√	借或贷	余额											√
月	日	字	号			亿	千	百	十	万	千	百	十	元	角	分		亿	千	百	十	万	千	百	十	元	角	分			亿	千	百	十	万	千	百	十	元	角	分	
12	1			期初余额																										贷					1	7	3	8	3	8	0	

注：该账户余额为2014年11月应交未交的城建税。

账 9－12

应交税费

户名：教育费附加　　　　　　　　　　　　　　　　备注＿＿＿＿＿＿

2014年		记账凭证		摘要	页数	借方											√	贷方											√	借或贷	余额											√
月	日	字	号			亿	千	百	十	万	千	百	十	元	角	分		亿	千	百	十	万	千	百	十	元	角	分			亿	千	百	十	万	千	百	十	元	角	分	
12	1			期初余额																										贷						7	4	5	0	2	0	

注：该账户余额为2014年11月应交未交的教育费附加。

业务原始凭证

应交税费2014年12月经济业务原始凭证如原凭9－12－1至原凭9－16所示。

实训要求

1. 准备记账凭证5张，三栏式明细账5张。
2. 根据业务原始凭证编制记账凭证。
3. 根据记账凭证登记应交税费各明细账。

原凭 9－12－1

中华人民共和国税收缴款书

填发日期 2014年12月06日 收入机关：市税局

缴款单位	代码	10101	预算科目	编码	
	全称	天津滨海股份有限公司		名称	增值税
	开户银行	工行天津市滨海支行		级次	中央级
	账号	201－3456789	收缴国库		开发区支金库
税款所属日期 2014年11月			税款限缴日期 2014年12月15日		

品目名称	课税数量	计税金额或销售收入	税率或单位税	已缴或扣除数	百	十	万	千	百	十	元	角	分
					实缴税额								
增值税			17%										
						2	4	9	3	4	0	9	0
合计金额（大写）贰拾肆万玖仟叁佰肆拾元玖角整					¥	2	4	9	3	4	0	9	0

缴款单位（盖章）经办人（章）	税务机关（盖章）填票人（章）	上列款项已收妥并划收款单位账户 国库（银行）盖章 年 月 日	备注	

中国工商银行天津市滨海支行 2014.12.06 业务 转

第一联（收据） 国库（经收处）收款盖章后 退缴款单位（人）作完税凭证

原凭 9－12－2

中华人民共和国税收缴款书

填发日期 2014年12月06日 收入机关：市税局

缴款单位	代码	20301	预算科目	编码	
	全称	天津滨海股份有限公司		名称	营业税
	开户银行	工行天津市滨海支行		级次	市级
	账号	201－3456789	收缴国库		开发区支金库
税款所属日期 2014年11月			税款限缴日期 2014年12月15日		

品目名称	课税数量	计税金额或销售收入	税率或单位税	已缴或扣除数	百	十	万	千	百	十	元	角	分
					实缴税额								
营业税													
								5	4	0	0	0	0
合计金额（大写）伍仟肆佰元整							¥	5	4	0	0	0	0

缴款单位（盖章）经办人（章）	税务机关（盖章）填票人（章）	上列款项已收妥并划收款单位账户 国库（银行）盖章 年 月 日	备注	

中国工商银行天津市滨海支行 2014.12.06 业务 转

第一联（收据） 国库（经收处）收款盖章后 退缴款单位（人）作完税凭证

原凭9－12－3

中华人民共和国税收缴款书

填发日期　　2014年12月06日　　收入机关：市税局

缴款单位	代　码	30311	预算科目	编　码	
	全　称	天津滨海股份有限公司		名　称	消费税
	开户银行	工行天津市滨海支行		级　次	中央级
	账　号	201－3456789	收缴国库		开发区支金库
税款所属日期2014年11月			税款限缴日期2014年12月15日		

品目名称	课税数量	计税金额或销售收入	税率或单位税	已缴或扣除数	百	十	万	千	百	十	元	角	分
消费税													
								3	1	0	0	0	0
合计金额（大写）叁仟壹佰元整							¥	3	1	0	0	0	0

（实缴税额：百、十、万、千、百、十、元、角、分）

缴款单位（盖章）经办人（章）	税务机关（盖章）填票人（章）	上列款项已收妥并划收款单位账户 国库（银行）盖章　年　月　日	备注	

（印章：中国工商银行天津市滨海支行 2014.12.06 业务 转讫）

第一联（收据）　国库（经收处）收款盖章后　退缴款单位（人）作完税凭证

原凭9－12－4

中华人民共和国税收缴款书

填发日期　　2014年12月06日　　收入机关：市税局

缴款单位	代　码	50211	预算科目	编　码	
	全　称	天津滨海股份有限公司		名　称	城建税
	开户银行	工行天津市滨海支行		级　次	地方级
	账　号	201－3456789	收缴国库		开发区支金库
税款所属日期2014年11月			税款限缴日期2014年12月15日		

品目名称	课税数量	计税金额或销售收入	税率或单位税	已缴或扣除数	百	十	万	千	百	十	元	角	分
城建税													
							1	7	3	8	3	8	0
合计金额（大写）壹万柒仟叁佰捌拾叁元捌角整						¥	1	7	3	8	3	8	0

（实缴税额：百、十、万、千、百、十、元、角、分）

缴款单位（盖章）经办人（章）	税务机关（盖章）填票人（章）	上列款项已收妥并划收款单位账户 国库（银行）盖章　年　月　日	备注	

（印章：中国工商银行天津市滨海支行 2014.12.06 业务 转讫）

第一联（收据）　国库（经收处）收款盖章后　退缴款单位（人）作完税凭证

原凭 9－12－5

中华人民共和国税收缴款书

填发日期　　2014 年 12 月 06 日　　收入机关：市税局

缴款单位	代　码	60211	预算科目	编　码	
	全　称	天津滨海股份有限公司		名　称	教育费附加
	开户银行	工行天津市滨海支行		级　次	地方级
	账　号	201－3456789	收缴国库		开发区支金库
税款所属日期 2014 年 11 月			税款限缴日期 2014 年 12 月 15 日		

品目名称	课税数量	计税金额或销售收入	税率或单位税	已缴或扣除数	实缴税额								
教育费附加					百	十	万	千	百	十	元	角	分
								7	4	5	0	2	0
合计金额（大写）柒仟肆佰伍拾元贰角							¥	7	4	5	0	2	0

缴款单位（盖章）经办人（章）	税务机关（盖章）填票人（章）	上列款项已收妥并划收款单位账户 国库（银行）盖章　　年　月　日	备注	

中国工商银行天津市滨海支行 2014.12.06 业务 转

第一联（收据） 国库（经收处）收款盖章后 退缴款单位（人）作完税凭证

原凭 9－13－1

印花税票报销专用凭证

购买单位：天津滨海股份有限公司　　№ 276579777

印花税票面值	单位	数量	税额								备注
			十	万	千	百	十	元	角	分	
壹角	枚										
贰角	枚										
伍角	枚										
壹元	枚	50					5	0	0	0	
贰元	枚	50				1	0	0	0	0	
伍元	枚	50				2	5	0	0	0	
壹拾元	枚	10				1	0	0	0	0	
伍拾元	枚	4				2	0	0	0	0	
壹佰元	枚	1				1	0	0	0	0	
合计人民币（大写）捌佰元整					¥	8	0	0	0	0	

原凭 9－13－2

中国工商银行
转账支票存根
10201232
17400861

附加信息

出票日期 2014 年 12 月 12 日

收款人：税务机关	
金　额：800.00 元	
用　途：购买印花税票	

单位主管　　　　会计

原凭 9－14－1

天津增值税专用发票

全国统一发票监制章 天津 国家税务总局监制

发　票　联

№

开票日期：2014 年 12 月 18 日

购货单位	名　　称：天津滨海股份有限公司 纳税人识别号：1201117860653155 地 址 、电 话：天津市开发区黄海路 109 号　022－85556666 开户行及账户：工行天津市滨海支行　201－3456789				密码区	47/－3947/－>59＊<818<90 7>/0/433>2＊3－0＋672<7＊ 1＋－<<51＋41＋>＊>58＊8460 7658765<56＋＊31/58>>00		
商品名称	规格型号	单位	数量		单价	金额	税率	税额
棉布	Mpc01	匹	10 000		10	100 000. 00	17%	17 000. 00
合　计						¥100 000. 00		¥17 000. 00
价税合计（大写）	⊗壹拾壹万柒仟元整					（小写）¥117 000. 00		
销货单位	名　　称：天津腾华纺织有限公司 纳税人识别号：120200999998785 地 址 、电 话：天津市云南路 2990 号　022－23489898 开户行及账户：工行天津市云南路支行　344－348776678990				备注	天津腾华纺织有限公司 120200999998785 发票专用章		

纳税人：　　　　复核：　　　　开票人：刘钱　　　　销货单位（章）

第二联　发票联　购货方记账凭证

原凭9-14-2

中国工商银行
转账支票存根
10201232
17400862

附加信息

出票日期 2014年12月18日

收款人:	天津腾华纺织有限公司
金　额:	117000.00元
用　途:	购买棉布

单位主管　　　会计

原凭9-15-1

天津增值税专用发票

发　票　联

全国统一发票监制章 天津 国家税务总局监制

No

开票日期:2014年12月21日

购货单位	名　　称:天津达雅服装销售公司 纳税人识别号:1500098765543333 地址、电话:天津市河北路110号　022-60268931 开户行及账户:工行天津市河北路支行　408-23894872			密码区	47/-3947/->59*<818<90 7>/0/433>2*3-0+672<7* 1+-<<51+41+>*>58*8460 7658765<56+*31/58>>00		
商品名称	规格型号	单位	数量	单价	金额	税率	税额
T恤	P091	件	1 000	150.00	150 000.00	17%	25 500.00
合　计					¥150 000.00		¥25 500.00
价税合计(大写)	⊗壹拾柒万伍仟伍佰元整				(小写)¥175 500.00		
销货单位	名　　称:天津滨海股份有限公司 纳税人识别号:1201117860653155 地址、电话:天津市开发区黄海路109号　022-85556666 开户行及账户:工行天津市滨海支行　201-3456789			备注	天津滨海股份有限公司 1201117860653155 发票专用章		

纳税人:　　　复核:　　　开票人:刘钱　　　销货单位(章)

第二联 发票联 购货方记账凭证

原凭 9－15－2

中国工商银行　进 账 单

2014 年 12 月 21 日

付款人	全　　称	天津达雅服装销售公司	收款人	全　　称	天津滨海股份有限公司
	账　　号	408－23894872		账　　号	201－3456789
	开户银行	工行天津市河北路支行		开户银行	工行天津市滨海支行

人民币（大写）	千	百	十	万	千	百	十	元	角	分
壹拾柒万伍仟伍佰元整		¥	1	7	5	5	0	0	0	0

票据种类	转账支票	票据张数	1	中国工商银行天津市滨海支行 2014.12.21 业务 转讫
票据号码	36598742			
备注：				复核：　　　记账：

原凭 9－16

原材料毁损报告

2014 年 12 月 27 日

由于仓库发生火灾，部分原材料毁损。该批原材料购入成本 10 000 元，购入时增值税额 1 700元。经查，此次火灾由于仓库管理员李新玩忽职守所致，建议由其赔偿全部损失，特向公司领导报批。

总经理：朱观　　　　会计主管：李财
2014 年 12 月 27 日　　　　2014 年 12 月 27 日

项目十
借款费用实训

实训目标

- 能够正确计算借款费用资本化的金额。
- 能对借款费用业务进行会计核算及账务处理。

任务　借款费用实训

案例 10-1　天津滨海股份有限公司专门借款有关资料如下。

期初余额

在建工程期初余额如账 10-1 所示。

账 10-1

在建工程

户名：＿＿＿＿＿＿＿＿　　　　　　　　　　　　　　　　备注＿＿＿＿＿＿＿＿

2014年		记账凭证		摘要	页数	借方											√	贷方											√	借或贷	余额											√
月	日	字	号			亿	千	百	十	万	千	百	十	元	角	分		亿	千	百	十	万	千	百	十	元	角	分			亿	千	百	十	万	千	百	十	元	角	分	
12	1			期初余额																										借				3	0	0	0	0	0	0	0	

长期借款期初余额如账 10-2 所示。

账 10-2

长期借款

户名:______ 备注______

2014年		记账凭证		摘要	页数	借方											√	贷方											√	借或贷	余额											√
月	日	字	号			亿	千	百	十	万	千	百	十	元	角	分		亿	千	百	十	万	千	百	十	元	角	分			亿	千	百	十	万	千	百	十	元	角	分	
12	1			期初余额																										贷				5	0	0	0	0	0	0	0	

注：该账户余额为2014年11月1日从工行天津市滨海支行借入的2年期长期借款，该借款用于公司出口货物的生产，年利率为6%，按月付息。

业务原始凭证

长期借款2014年12月经济业务原始凭证如原凭10-1-1至原凭10-2-2所示。

实训要求

1. 准备记账凭证3张，三栏式明细账3张。
2. 根据业务原始凭证编制记账凭证。
3. 根据记账凭证登记借款费用有关明细账。

原凭 10－1－1

建设工程借款合同

借款方：天津滨海股份有限公司

地址：天津市开发区黄海路109号

邮码：300450　电话：022－85556666

贷款方：中国工商银行天津市滨海支行

地址：天津开发区第三大街金融中心7号

邮码：300450　电话：022－47882043

根据国家法律规定，借款方为进行基本建设所需贷款，经贷款方审查发放。为明确双方责任，恪守信用，特签订本合同，共同遵守。

第一条　借款用途：用于建造厂房。该厂房2014年1月1日正式动工兴建，预计2015年6月30日完工并达到预定可使用状态，工程采用出包方式。

第二条　借款金额：借款方向贷款方借款人民币（大写）壹佰万元。

第三条　借款利率：自支用贷款之日起，以单利方式按月付息。在合同规定的借款期内，年息为8.4%。借款方如果不按期归还贷款，逾期部分加收利率20%。

第四条　借款期限：借款方保证从2014年12月10日起至2019年12月10日止，按国家规定使用该笔贷款。借款方如果不按合同规定使用贷款，贷款方有权收回部分贷款，并对违约使用部分按照银行规定加收罚息。借款方提前还款的，应按规定减收利息。贷款逾期不还的部分，贷款方有权限期追回贷款，或者商请借款单位的其他开户银行代为扣款清偿。

……

第九条　本合同经过签章后生效，贷款本息全部清偿后失效。本合同一式5份，签章各方各执一份，报送主管部门、总行、分行各一份。

借款方：天津滨海股份有限公司（盖章）　　　　贷款方：中国工商银行天津市滨海支行（盖章）

代表人：张宏达　　　　代表人：金荟

2014年12月1日　　　　2014年12月1日

原凭 10－1－2

中国工商银行　借款凭证

第　　页

实际发出日期：2014 年 12 月 10 日　　　　凭证编号：I00474013

借款人	天津滨海股份有限公司		贷款账号	201－385957	存款账号	201－3456789									
贷款金额	人民币（大写）	壹佰万元整				千	百	十	万	千	百	十	元	角	分
						¥	1	0	0	0	0	0	0	0	0
用途	固贷	期　限	约定还款日期			2019 年 12 月 10 日									
		5 年	贷款利率	8.4%	借款合同号码	D345									

兹借到上列贷款，保证按规定用途使用，不作他用，到期时请凭此证收回贷款。（借款人印鉴）	分次还款记录						
	日期			还款金额	余额	经办	复核
	年	月	日				

（印章：中国工商银行天津市滨海支行 2014.12.10 业务 转讫）

银行审批意见　　　　行长　　　　信贷科长　　　　信贷员

原凭 10－2－1

中国工商银行计息单

2014 年 12 月 31 日

单位名称：天津滨海股份有限公司　　　　账号：201－3456789　　　　第 1029384 号

项　目	摘　要		百	十	万	千	百	十	元	角	分
贷款利息	500000 ×6% ÷12 ＋1000000 ×8.4% ÷12 ＝9500					9	5	0	0	0	0
合计（大写）	玖仟伍佰元整	合　计			¥	9	5	0	0	0	0
1. 上列款项已列收你单位账户。 2. 上列款项已收到你单位交来的现金。 3. 上列示项已列付你单位账户。√ （银行盖章）	会计记账	付出：______ 收入：______ 出纳：　复核：　记账：　制单：									

（印章：中国工商银行天津市滨海支行 2014.12.31 业务 转讫）

原凭 10-2-2

中国工商银行计息单

2014 年 12 月 31 日

单位名称：天津滨海股份有限公司　　账号：201-3456789　　第 1029384 号

项目	摘要		百	十	万	千	百	十	元	角	分
存款利息	专项借款闲置资金存款利息					1	0	0	0	0	0
合计（大写）	壹仟元整	合计			¥	1	0	0	0	0	0
1. 上列款项已列收你单位账户。√ 2. 上列款项已收到你单位交来的现金。 3. 上列示项已列付你单位账户。 （银行盖章）	会计记账	付出： 收入： 出纳：　复核：　记账：　制单：									

中国工商银行天津市滨海支行 2014.12.31 业务 转讫

项目十一

债务重组实训

实训目标

- 能对债务人债务重组业务进行会计核算及账务处理。
- 能对债权人债务重组业务进行会计核算及账务处理。

任务一　债务人债务重组实训

案例 11-1　天津滨海股份有限公司债务重组——以现金清偿债务有关资料如下。

期初余额

债务重组有关账户期初余额如账 11-1 至账 11-5 所示。

账 11-1

应付账款

户名：天津东纺有限公司　　　　备注

2014年		记账凭证		摘　要	页数	借　方											√	贷　方											√	借或贷	余　额											√
月	日	字	号			亿	千	百	十	万	千	百	十	元	角	分		亿	千	百	十	万	千	百	十	元	角	分			亿	千	百	十	万	千	百	十	元	角	分	
12	1			期初余额																										贷				1	2	0	0	0	0	0	0	

账 11－2

固定资产

户名：机器 JI502　　　　　　　　　　　　　　　　　　备注

2014年		记账凭证		摘要	页数	借方											√	贷方											√	借或贷	余额											√
月	日	字	号			亿	千	百	十	万	千	百	十	元	角	分		亿	千	百	十	万	千	百	十	元	角	分			亿	千	百	十	万	千	百	十	元	角	分	
12	1			期初余额																										借				1	2	0	0	0	0	0	0	

账 11－3

累计折旧

户名：机器 JI502　　　　　　　　　　　　　　　　　　备注

2014年		记账凭证		摘要	页数	借方											√	贷方											√	借或贷	余额											√
月	日	字	号			亿	千	百	十	万	千	百	十	元	角	分		亿	千	百	十	万	千	百	十	元	角	分			亿	千	百	十	万	千	百	十	元	角	分	
12	1			期初余额																										贷					3	0	0	0	0	0	0	

账 11－4

固定资产减值准备

户名：机器 JI502　　　　　　　　　　　　　　　　　　备注

2014年		记账凭证		摘要	页数	借方											√	贷方											√	借或贷	余额											√
月	日	字	号			亿	千	百	十	万	千	百	十	元	角	分		亿	千	百	十	万	千	百	十	元	角	分			亿	千	百	十	万	千	百	十	元	角	分	
12	1			期初余额																										贷						9	0	0	0	0	0	

账 11-5

固定资产清理

户名:________________　　　　　　　　　　　　　　　　　　备注________________

2014年		记账凭证		摘要	页数	借方											√	贷方											√	借或贷	余额											√
月	日	字	号			亿	千	百	十	万	千	百	十	元	角	分		亿	千	百	十	万	千	百	十	元	角	分			亿	千	百	十	万	千	百	十	元	角	分	
12	1			期初余额																										平									0	0	0	

业务原始凭证

债务重组2014年12月经济业务原始凭证如原凭11-1-1至11-1-6所示。

实训要求

1. 准备记账凭证4张，三栏式明细账6张。
2. 根据业务原始凭证编制记账凭证。
3. 根据记账凭证登记债务重组相关账户明细账。

原凭 11－1－1

债务重组协议

甲方（债权人）：天津东纺有限公司

乙方（债务人）：天津滨海股份有限公司

丙方（担保人）：天津德隆担保有限公司

截至 2014 年 12 月 05 日，乙方共欠甲方货款 120000 元，丙方对乙方所欠以上债务提供了有效担保，担保方式为一般保证。

甲、乙、丙三方经过友好协商，达成如下协议：

乙方于 2014 年 12 月 11 日之前以一项固定资产机器抵偿债务，双方协商价格为 100000 元，甲方免除乙方所欠剩余货款 20000 元。（适用于乙方一次性支付债务重组款的情形）。本合同一式三份，甲、乙、丙方各执一份；本合同自各方有权签字人签字并加盖公章后生效。

甲方：（盖章）天津东纺有限公司　　授权代表：（签字）李斯

乙方：（盖章）天津滨海股份有限公司　　授权代表：（签字）张宏达

丙方：（盖章）天津德隆担保有限公司　　授权代表：（签字）陈隆

2014 年 12 月 5 日

原凭 11－1－2

固定资产出账通知单

被通知单位：　　2014 年 12 月 05 日　　编号 02000301

类别	资产编号	固定资产名称	规格型号	建造单位			数量	原值	折旧额		使用年限	预计残值	累计已提折旧	所在地	出账原因
				名称	日期	编号			应计折旧总额	月折旧额					
设备	03	机器	J1502				1	120000			10	6000	30000		偿债

通知单位：　　经办人：

原凭 11－1－3

固定资产处置报告单

2014 年 12 月 05 日

固定资产名称	单位	数量	预计使用年限	原值	已提折旧	已提减值	预计净残值
机器 J1502	台	1	10	120000	30000	9000	6000
使用部门	缝制车间						
固定资产状况	出售						
处理意见	使用部门		技术鉴定小组		固定资产管理部门	主管部门审批	
	同意出售		同意出售		同意出售	同意出售	
	张景		王勃		李琛	朱观	

原凭 11-1-4

天津市服务业通用发票

（0911012323248）　　2014年12月05日　　№ 53545

客户名称	天津滨海股份有限公司			地　址	天津市开发区黄海路109号						
项　目	摘　要	单　位	数　量	单　价	金额						
					万	千	百	十	元	角	分
清理费						1	0	0	0	0	0
合计金额（大写）	壹仟元整				¥	1	0	0	0	0	0
注：盖有发票专用章，否则报销无效。											
服务单位	天津翔阳有限公司			地址	天津市南开路302号						

开票人：　　收款人：　　收款单位（章）

第二联　发票联　购货方记账凭证

（印章：天津翔阳有限公司 发票专用章）

原凭 11-1-5

中国工商银行
转账支票存根
10201232
17400865

附加信息

出票日期 2014年12月5日

收款人：天津翔阳有限公司

金　额：1000.00元

用　途：清理费

单位主管　　会计

原凭 11-1-6

固定资产清理损益计算表

2014年12月11日　　元

清理项目	机器J1502		清理原因	债务重组
固定资产清理借方发生额			固定资产清理贷方发生额	
清理支出内容		金　额	清理收入内容	金　额
初始清理金额		81000.00	出售固定资产价款	100000.00
清理费用		1000.00		
借方合计		82000.00	贷方合计	100000.00
固定资产清理	净收益/净损失	金额（人民币）壹万捌仟元整（收益）		

任务二　债权人债务重组实训

案例 11-2　天津滨海股份有限公司债务重组有关资料如下。

期初余额

债务重组有关账户期初余额如账 11-6、账 11-7 所示。

账 11-6

应收账款

户名：天津腾华纺织有限公司　　　　备注＿＿＿＿

2014年		记账凭证		摘要	页数	借方											√	贷方											√	借或贷	余额											√
月	日	字	号			亿	千	百	十	万	千	百	十	元	角	分		亿	千	百	十	万	千	百	十	元	角	分			亿	千	百	十	万	千	百	十	元	角	分	
12	1			期初余额																										借				1	1	7	0	0	0	0	0	

账 11-7

坏账准备

户名：＿＿＿＿　　　　备注＿＿＿＿

2014年		记账凭证		摘要	页数	借方											√	贷方											√	借或贷	余额											√
月	日	字	号			亿	千	百	十	万	千	百	十	元	角	分		亿	千	百	十	万	千	百	十	元	角	分			亿	千	百	十	万	千	百	十	元	角	分	
12	1			期初余额																										贷					1	0	0	0	0	0	0	

注：坏账准备全部为腾华公司 117 000 元欠款所提。

业务原始凭证

银行存款2014年12月经济业务原始凭证如原凭11-2-1、原凭11-2-2所示。

实训要求

1. 准备记账凭证1张，三栏式明细账3张。
2. 根据业务原始凭证编制记账凭证。
3. 根据记账凭证登记债务重组各明细账。

原凭 11-2-1

债务重组协议

甲方（债权人）：天津滨海股份有限公司

乙方（债务人）：天津腾华纺织有限公司

丙方（担保人）：天津德隆担保有限公司

截至2014年12月10日，乙方共欠甲方货款117000元，丙方对乙方所欠以上债务提供了有效担保，担保方式为一般保证。

甲、乙、丙三方经过友好协商，达成如下协议：

乙方于2014年12月20日之前一次性向甲方支付97000元人民币，甲方免除乙方所欠剩余货款20000元。（适用于乙方一次性支付债务重组款的情形）在乙方未归还全部所承诺的97000元债务之前，甲方不放弃除本合同有明确约定之外的任何权利（包括对抵押物的有关权利）。丙方承诺在乙方如期归还全部所承诺的97000元债务并终止双方的债权债务关系之前，继续承担原来的担保责任。本合同一式三份，甲、乙、丙方各执一份；本合同自各方有权签字人签字并加盖公章后生效。

甲方：（盖章）　天津滨海股份有限公司　　　　授权代表：（签字）张宏达

乙方：（盖章）　天津腾华纺织有限公司　　　　授权代表：（签字）王树

丙方：（盖章）　天津德隆担保有限公司　　　　授权代表：（签字）陈隆

2014年12月1日

原凭 11-2-2

中国工商银行　进 账 单

2014年12月16日

付款人	全　称	天津腾华纺织有限公司	收款人	全　称	天津滨海股份有限公司
	账　号	344-348776678990		账　号	201-3456789
	开户银行	工行天津市云南路支行		开户银行	工行天津市滨海支行

人民币（大写）	千	百	十	万	千	百	十	元	角	分
玖万柒仟元整			¥	9	7	0	0	0	0	0

票据种类	转账支票	票据张数	1
票据号码	46957851		

备注：

中国工商银行天津市滨海支行
2014.12.16
业务
转讫

复核：　　　　记账：

项目十二 所有者权益实训

实训目标

- 能对股本业务进行会计核算及账务处理。
- 能对资本公积业务进行会计核算及账务处理。
- 能对盈余公积业务进行会计核算及账务处理。
- 能对利润分配业务进行会计核算及账务处理。

任务一　股本实训

案例 12-1　天津滨海股份有限公司股本有关资料如下。

期初余额

股本期初余额如账 12-1 至账 12-3 所示。

账 12-1

股　本

户名：天津翔宇有限公司　　　　　　　　　　　　　　　　　　备注

2014年		记账凭证		摘要	页数	借方											√	贷方											√	借或贷	余额											√
月	日	字	号			亿	千	百	十	万	千	百	十	元	角	分		亿	千	百	十	万	千	百	十	元	角	分			亿	千	百	十	万	千	百	十	元	角	分	
12	1			期初余额																										贷				5	0	0	0	0	0	0	0	

账 12－2

股　本

户名：天津宏利有限公司　　　　备注

2014年		记账凭证		摘要	页数	借方											√	贷方											√	借或贷	余额											√
月	日	字	号			亿	千	百	十	万	千	百	十	元	角	分		亿	千	百	十	万	千	百	十	元	角	分			亿	千	百	十	万	千	百	十	元	角	分	
12	1			期初余额																										贷				3	0	0	0	0	0	0	0	

账 12－3

股　本

户名：天津华宝有限公司　　　　备注

2014年		记账凭证		摘要	页数	借方											√	贷方											√	借或贷	余额											√
月	日	字	号			亿	千	百	十	万	千	百	十	元	角	分		亿	千	百	十	万	千	百	十	元	角	分			亿	千	百	十	万	千	百	十	元	角	分	
12	1			期初余额																										贷				2	0	0	0	0	0	0	0	

业务原始凭证

股本 2014 年 12 月经济业务原始凭证如原凭 12－1－1 至原凭 12－3 所示。

实训要求

1. 准备记账凭证 3 张，三栏式明细账 3 张。
2. 根据业务原始凭证编制记账凭证。
3. 根据记账凭证登记股本各明细账。

原凭 12-1-1

投资协议书（摘要）

投出单位：天津翔宇有限公司

投入单位：天津滨海股份有限公司

……

第三，天津翔宇有限公司向天津滨海股份有限公司投入货币投资100万元，与其在注册资本中享有的份额相等。

第四，天津翔宇有限公司必须在2014年12月31日前向天津滨海股份有限公司出资。

……

天津滨海股份有限公司2014年12月1日开始接收投资。

原凭 12-1-2

中国工商银行　进　账　单

2014年12月06日

付款人	全　称	天津翔宇有限公司	收款人	全　称	天津滨海股份有限公司
	账　号	331-246218		账　号	201-3456789
	开户银行	工行天津市河北路支行		开户银行	工行天津市滨海支行
人民币（大写）	壹佰万元整			千 百 十 万 千 百 十 元 角 分	¥ 1 0 0 0 0 0 0 0 0
票据种类	银行本票	票据支票	1		
票据号码	56987418				
备注：				中国工商银行天津市滨海支行 2014.12.06 业务 转讫	
				复核：	记账：

原凭 12-1-3

专用收款收据

2014年12月06日

付款单位（付款人）	天津翔宇有限公司	收款单位（收款人）	天津滨海股份有限公司	收款项目	收投资款
人民币（大写）	壹佰万元整			千 百 十 万 千 百 十 元 角 分	¥ 1 0 0 0 0 0 0 0 0
收款事由	投资款			经办部门	
天津滨海股份有限公司 财务专用章	会计主管	稽核	出纳	交款人	
	张文		李正	周算	

第三联　收款单位记账

原凭 12-2

天津滨海股份有限公司股东大会决议

时间:2014 年 12 月 25 日上午 9:00

地点:天津金凯悦大酒店 19 楼会议室

参会人员:李鹏铭　张宏达(董事长)等 25 人

经股东会一致同意,形成决议如下:

通过董事会决议《用资本公积 80 万元转增资本的议案》。

全体股东签字:

(法人股东加盖公章并由法定代表人签字,自然人股东亲笔签字)

李鹏铭　　张宏达

天津滨海股份有限公司盖章:　　　　2014 年 12 月 25 日

原凭 12-3

天津滨海股份有限公司股东大会决议

时间:2014 年 12 月 26 日上午 9:00

地点:天津金凯悦大酒店 19 楼会议室

参会人员:李鹏铭　张宏达(董事长)等 25 人

经股东会一致同意,形成决议如下:减少公司的注册资本 100 万元,按原投资比例发还投资款。

全体股东签字:

(法人股东加盖公章并由法定代表人签字,自然人股东亲笔签字)

李鹏铭　　张宏达

天津滨海股份有限公司盖章:　　　　2014 年 12 月 26 日

任务二 资本公积实训

案例 12-2 天津滨海股份有限公司资本公积有关资料如下。

期初余额

资本公积期初余额如账 12-4 和账 12-5 所示。

账 12-4

资本公积

户名：股本溢价　　　　　　　　　　　　　　　　　　　　　　　　备注

2014年		记账凭证		摘要	页数	借方											√	贷方											√	借或贷	余额											√
月	日	字	号			亿	千	百	十	万	千	百	十	元	角	分		亿	千	百	十	万	千	百	十	元	角	分			亿	千	百	十	万	千	百	十	元	角	分	
12	1			期初余额																										贷			1	2	0	0	0	0	0	0	0	

账 12-5

资本公积

户名：其他资本公积　　　　　　　　　　　　　　　　　　　　　　备注

2014年		记账凭证		摘要	页数	借方											√	贷方											√	借或贷	余额											√
月	日	字	号			亿	千	百	十	万	千	百	十	元	角	分		亿	千	百	十	万	千	百	十	元	角	分			亿	千	百	十	万	千	百	十	元	角	分	
12	1			期初余额																										贷				1	5	0	0	0	0	0	0	

业务原始凭证

资本公积 2014 年 12 月经济业务原始凭证如原凭 12-4-1 至原凭 12-6 所示。

实训要求

1. 准备记账凭证 3 张，三栏式明细账 2 张。
2. 根据业务原始凭证编制记账凭证。
3. 根据记账凭证登记资本公积各明细账。

原凭 12-4-1

天津滨海股份有限公司股东大会决议

时间:2014 年 12 月 2 日上午 11:00

地点:天津新天洋大酒店 19 楼会议室

参会人员:王辉　张斌　张宏达(公司董事长)等 25 人

经股东会一致同意,形成决议如下:

经董事会决议,天津滨海股份有限公司发行普通股 1 000 000 股,每股面值 1 元,按每股 1.35 元的价格发行。

全体股东签字:

(法人股东加盖公章并由法定代表人签字,自然人股东亲笔签字)

王辉　张斌　张宏达

天津滨海股份有限公司盖章:

2014 年 12 月 2 日

原凭 12-4-2

关于同意天津滨海股份有限公司注册资本金变更的批复

天津工商〔2014〕78 号

天津滨海股份有限公司:

你公司《关于要求变更资质证书注册资本金的请示》已收悉。经审核,上报材料符合股份制企业资质管理有关规定,同意你公司注册资本金增加 100 万元。

天津市工商管理局

2014 年 12 月 8 日

原凭 12-4-3

委托协议书(摘要)

委托单位:天津滨海股份有限公司

受托单位:天津德胜证券有限公司

……

第三,天津滨海公司委托天津德胜证券公司代理发行普通股 1 000 000 股,每股面值 1 元,按每股 1.35 元的价格发行。

第四,天津德胜证券公司收取手续费 60 000 元,手续费从发行收入中扣除。

第五,协议双方如有违约,按发行收入的 1% 支付违约金。

……

原凭 12-4-4

证券发行结算清单

2014 年 12 月 19 日

企业名称		天津滨海股份有限公司
发行股票	面值	1.00 元
	数量	1 000 000 股
	单价	1.35 元
	总价	1 350 000 元
发行费用		60 000.00 元
发行净额		1 290 000 元

天津德胜证券有限责任公司 2014.12.19 业务 转讫

天津德胜证券有限责任公司(章)

原凭 12-4-5

中国工商银行　进 账 单

2014 年 12 月 19 日

付款人		收款人	
全　称	天津德胜证券有限责任公司	全　称	天津滨海股份有限公司
账　号	59849000032456	账　号	201-3456789
开户银行	工行天津市郑州路支行	开户银行	工行天津市滨海支行
人民币(大写)	壹佰贰拾玖万元整	千百十万千百十元角分	¥129000000
票据种类	转账支票	票据张数	1
票据号码	12345678		
备注:		复核:	记账:

中国工商银行天津市滨海支行 2014.12.19 业务 转讫

原凭 12-5-1

天津滨海股份有限公司文件

办字第 189 号

关于对外长期股权投资的决议

经董事会研究决定,对乐丰股份有限公司进行投资,占乐丰股份有限公司所有者权益的25%。

主管经理:朱观

天津滨海股份有限公司
2014 年 11 月 1 日

原凭 12-5-2

其他权益变动通知单

天津滨海股份有限公司：

经董事会研究决定，公司向全体股东分配接受捐赠而增加资本公积 800000 元，你公司按股份 25%，总计 200000 元整。

主管经理：朱观

乐丰股份有限公司
2014 年 12 月 20 日

原凭 12-6

天津滨海股份有限公司文件

办字第 308 号

关于出售乐丰股份有限公司股份的决议

经股东大会研究决定，出售乐丰股份有限公司的股份。

主管经理：朱观

天津滨海股份有限公司
2014 年 12 月 31 日

任务三　盈余公积实训

案例 12-3　天津滨海股份有限公司盈余公积有关资料如下。

期初余额

盈余公积期初余额如账 12-6 和账 12-7 所示。

账 12-6

盈余公积

户名：法定盈余公积　　　　　　　　　　　　　　　　备注________

2014年		记账凭证		摘要	页数	借方											√	贷方											√	借或贷	余额											√
月	日	字	号			亿	千	百	十	万	千	百	十	元	角	分		亿	千	百	十	万	千	百	十	元	角	分			亿	千	百	十	万	千	百	十	元	角	分	
12	1			期初余额																										贷			1	9	8	6	8	0	0	0	0	

账 12-7

盈余公积

户名：任意盈余公积　　　　　　　　　　　　　　　　备注________

2014年		记账凭证		摘要	页数	借方											√	贷方											√	借或贷	余额											√
月	日	字	号			亿	千	百	十	万	千	百	十	元	角	分		亿	千	百	十	万	千	百	十	元	角	分			亿	千	百	十	万	千	百	十	元	角	分	
12	1			期初余额																										贷				3	2	0	0	0	0	0	0	

业务原始凭证

盈余公积 2014 年 12 月经济业务原始凭证如原凭 12-7-1 至原凭 12-9 所示。

实训要求

1. 准备记账凭证 3 张，三栏式明细账 2 张。
2. 根据业务原始凭证编制记账凭证。
3. 根据记账凭证登记盈余公积各明细账。

原凭 12-7-1

天津滨海股份有限公司文件

办字第 8 号

关于提取法定盈余公积的决议

经董事会研究决定，按净利润 1 600 000 元的 10% 和 5% 分别计提法定盈余公积和任意盈余公积。

董事长：张宏达

天津滨海股份有限公司

2014 年 12 月 31 日

原凭 12-7-2

盈余公积计提表

编制单位：天津滨海股份有限公司　　2014 年 12 月 31 日　　元

项　目	分配比率	金　额
计提法定盈余公积	10%	
计提任意盈余公积	5%	

主管：　　制表：

原凭 12-8

天津滨海股份有限公司股东大会决议

时间：2014 年 12 月 31 日上午 9:00

地点：天津新大洲大酒店 19 楼会议室

参会人员：王辉　张斌　张宏达（公司董事长）等 25 人

经股东会一致同意，形成决议如下：

经股东大会决议，天津滨海股份有限公司以法定盈余公积 800 000 元弥补 2013 年亏损。

全体股东签字：

（法人股东加盖公章并由法定代表人签字，自然人股东亲笔签字）

王辉　张斌　张宏达

天津滨海股份有限公司盖章：

2014 年 12 月 31 日

原凭 12－9

天津滨海股份有限公司股东大会决议

时间:2014 年 12 月 31 日上午 10:00

地点:天津新大洲大酒店 19 楼会议室

参会人员:王辉　张斌　张宏达(公司董事长)等 25 人

经股东会一致同意,形成决议如下:

经股东大会决议,天津滨海股份有限公司将法定盈余公积中的 600 000 元转增资本。

全体股东签字:

(法人股东加盖公章并由法定代表人签字,自然人股东亲笔签字)

王辉　张斌　张宏达

天津滨海股份有限公司盖章:　天津滨海股份有限公司

2014 年 12 月 31 日

任务四　利润分配实训

案例 12-4　天津滨海股份有限公司利润分配有关资料如下。

期初余额

利润分配期初余额如账 12-8 至账 12-11 所示。

账 12-8

利润分配

户名：法定盈余公积　　　　备注

2014年		记账凭证		摘要	页数	借方											√	贷方											√	借或贷	余额											√
月	日	字	号			亿	千	百	十	万	千	百	十	元	角	分		亿	千	百	十	万	千	百	十	元	角	分			亿	千	百	十	万	千	百	十	元	角	分	
12	1			期初余额																										贷				1	7	0	0	0	0	0	0	

账 12-9

利润分配

户名：任意盈余公积　　　　备注

2014年		记账凭证		摘要	页数	借方											√	贷方											√	借或贷	余额											√
月	日	字	号			亿	千	百	十	万	千	百	十	元	角	分		亿	千	百	十	万	千	百	十	元	角	分			亿	千	百	十	万	千	百	十	元	角	分	
12	1			期初余额																										贷					5	8	0	0	0	0	0	

账 12-10

利润分配

户名：应付现金股利　　　　备注

2014年		记账凭证		摘要	页数	借方											√	贷方											√	借或贷	余额											√
月	日	字	号			亿	千	百	十	万	千	百	十	元	角	分		亿	千	百	十	万	千	百	十	元	角	分			亿	千	百	十	万	千	百	十	元	角	分	
12	1			期初余额																										贷				1	4	2	0	0	0	0	0	

账 12－11

利润分配

户名：未分配利润　　　　　　　　　　　　　　　　　　　　　　备注＿＿＿＿＿＿

2014年		记账凭证		摘要	页数	借方											√	贷方											√	借或贷	余额											√
月	日	字	号			亿	千	百	十	万	千	百	十	元	角	分		亿	千	百	十	万	千	百	十	元	角	分			亿	千	百	十	万	千	百	十	元	角	分	
12	1			期初余额																										贷				6	0	0	0	0	0	0	0	

业务原始凭证

利润分配2014年12月经济业务原始凭证如原凭12－10至原凭12－12所示。

实训要求

1. 准备记账凭证4张，三栏式明细账4张。
2. 根据业务原始凭证编制记账凭证。
3. 根据记账凭证登记利润分配各明细账。

原凭 12-10

2014 年度本年利润结转表

编制单位：天津滨海股份有限公司　　2014 年 12 月 31 日　　元

1—11 月份净利润	12 月份净利润	全年净利润
2000000	1200000	3200000

主管：　　制表：

原凭 12-11-1

天津滨海股份有限公司 2014 年度股东大会决议

时间：2014 年 12 月 31 日上午 9:00

地点：天津保利大酒店 19 楼会议室

参会人员：王辉　张斌　张宏达（公司董事长）等 25 人

议程：经股东会一致同意，形成决议如下。

1. 审议通过了《关于董事会 2014 年工作报告的议案》。

……

2. 审议通过了《关于监事会工作报告的议案》。

……

3. 审议通过了《关于 2014 年度利润分配方案的议案》。

按净利润的 10% 提取法定盈余公积，提取任意盈余公积 50 000 万元，分配普通股现金股利 648 000 元。

全体股东签字：

（法人股东加盖公章并由法定代表人签字，自然人股东亲笔签字）

王辉　张斌　张宏达

天津滨海股份有限公司盖章：（天津滨海股份有限公司）

2014 年 12 月 31 日

原凭 12-11-2

利润分配方案表

编制单位：天津滨海股份有限公司　　2014 年 12 月 31 日　　元

项　目	分配比例（金额）	金　额
计提法定盈余公积	10%	320000
计提任意盈余公积	50000	50000
应付现金股利	648000	648000

主管：　　制表：

原凭 12－12

净利润分配表

编制单位：天津滨海股份有限公司　　2014 年 12 月 31 日　　元

项　目	金　额
年初未分配利润	600000
全年实现的净利润	
提取法定盈余公积(10%)	
提取任意盈余公积	
分配现金股利	
未分配利润	

主管：　　制表：

注：该凭证用于结转利润分配各项目。

项目十三

收入、费用和利润实训

实训目标

- 能对收入业务进行会计核算及账务处理。
- 能对费用业务进行会计核算及账务处理。
- 能对利润业务进行会计核算及账务处理。
- 能对企业所得税业务进行会计核算及账务处理。

任务一　收入实训

案例 13-1　天津滨海股份有限公司主营业务收入、主营业务成本、营业税金及附加等科目相关资料如下。

期初余额

主营业务收入、主营业务成本、其他业务收入、其他业务成本等账户期初余额如账 13-1 至账 13-6 所示。

账 13-1

主营业务收入

户名：衬衫　　　　备注

2014年		记账凭证		摘要	页数	借方											√	贷方											√	借或贷	余额											√
月	日	字	号			亿	千	百	十	万	千	百	十	元	角	分		亿	千	百	十	万	千	百	十	元	角	分			亿	千	百	十	万	千	百	十	元	角	分	
12	1			期初余额																										平									0	0	0	

账 13-2

主营业务收入

户名：加工劳务　　　　　　　　　　　　　　　　　　　备注＿＿＿＿＿＿

2014年		记账凭证		摘要	页数	借方											√	贷方											√	借或贷	余额											√
月	日	字	号			亿	千	百	十	万	千	百	十	元	角	分		亿	千	百	十	万	千	百	十	元	角	分			亿	千	百	十	万	千	百	十	元	角	分	
12	1			期初余额																										平									0	0	0	

账 13-3

其他业务收入

户名：棉布　　　　　　　　　　　　　　　　　　　　　备注＿＿＿＿＿＿

2014年		记账凭证		摘要	页数	借方											√	贷方											√	借或贷	余额											√
月	日	字	号			亿	千	百	十	万	千	百	十	元	角	分		亿	千	百	十	万	千	百	十	元	角	分			亿	千	百	十	万	千	百	十	元	角	分	
12	1			期初余额																										平									0	0	0	

账 13-4

主营业务成本

户名：衬衫　　　　　　　　　　　　　　　　　　　　　备注＿＿＿＿＿＿

2014年		记账凭证		摘要	页数	借方											√	贷方											√	借或贷	余额											√
月	日	字	号			亿	千	百	十	万	千	百	十	元	角	分		亿	千	百	十	万	千	百	十	元	角	分			亿	千	百	十	万	千	百	十	元	角	分	
12	1			期初余额																										平									0	0	0	

账 13-5

主营业务成本

户名：加工劳务　　　　　　　　　　　　　　　　　　　备注＿＿＿＿＿＿

2014年		记账凭证		摘要	页数	借方											√	贷方											√	借或贷	余额											√
月	日	字	号			亿	千	百	十	万	千	百	十	元	角	分		亿	千	百	十	万	千	百	十	元	角	分			亿	千	百	十	万	千	百	十	元	角	分	
12	1			期初余额																										平									0	0	0	

账 13－6

其他业务成本

户名：棉布　　　　　　　　　　　　　　　　　　　　　　　　备注

2014年		记账凭证		摘要	页数	借方											√	贷方											√	借或贷	余额											√
月	日	字	号			亿	千	百	十	万	千	百	十	元	角	分		亿	千	百	十	万	千	百	十	元	角	分			亿	千	百	十	万	千	百	十	元	角	分	
12	1			期初余额																										平									0	0	0	

公司月末一次结转主营业务成本与其他业务成本。

公司利润计算采取“账结法”，即每个会计期间期末将损益类科目净期末余额结转到本年利润科目中，损益类科目月末不留余额。

业务原始凭证

主营业务 2014 年 12 月经济业务原始凭证，如原凭 13－1－1 至原凭 13－6 所示。

实训要求

1. 准备记账凭证 8 张，三栏式明细账 6 张。
2. 根据业务原始凭证编制记账凭证。
3. 根据记账凭证登记主营业务收入、其他业务收入、主营业务成本、其他业务成本明细账。

原凭 13－1－1

天津增值税专用发票

全国统一发票监制章 发票联 天津 国家税务总局监制

No

开票日期：2014 年 12 月 01 日

购货单位	名　　　称：天津达雅服装销售公司 纳税人识别号：1500098765543333 地 址 、电 话：天津市河北路 110 号　022－60268931 开户行及账户：工行天津市河北路支行　408－23894872				密码区	57/－3947/－>59＊<818<90 7>/0/433>2＊3－0+672<7＊ 1+－<<51+41+>＊>58＊8460 7658765<56+＊31/58>>01		
商品名称	规格型号	单位	数量	单价		金额	税率	税额
衬衫	VIP	件	1 500	100.00		150 000.00	17%	25 500.00
合　计						¥150 000.00		¥25 500.00
价税合计（大写）	⊗壹拾柒万伍仟伍佰元整					（小写）¥175 500.00		
销货单位	名　　　称：天津滨海股份有限公司 纳税人识别号：1201117860653155 地 址 、电 话：天津市开发区黄海路 109 号　022－85556666 开户行及账户：工行天津市滨海支行　201－3456789				备注	天津滨海股份有限公司 1201117860653155 发票专用章		

第二联 发票联 购货方记账凭证

纳税人：　　　复核：　　　开票人：刘钱　　　销货单位（章）

原凭 13－1－2

商业承兑汇票　2

出票日期（大写）贰零壹肆年壹拾贰月零壹日

10200000
00000005

付款人	全　　称	天津达雅服装销售公司	收款人	全　　称	天津滨海股份有限公司
	账　　号	408－23894872		账　　号	201－3456789
	开户银行	工行天津市河北路支行		开户银行	工行天津市滨海分行
出票金额	人民币（大写）	壹拾柒万伍仟伍佰元整		亿千百十万千百十元角分	¥17550000 0
汇票到期日（大写）		贰零壹伍年零叁月零壹日	付款人开户行	行号	408
交易合同号码		569239		地址	天津市和平区河北路 1098 号
本汇票已经承税，到期无条件支付票款。 天津滨海股份有限公司 财务专用章　达张 印宏 承兑人签章 承兑日期 2014 年 12 月 01 日			天津滨海股份有限公司 财务专用章　达张 印宏 出票人签章		

原凭 13-1-3

出库单

购买单位:天津达雅服装销售公司　　　　　　　　　　　　运输方式:

收货地址:天津市河北路 110 号　　2014 年 12 月 01 日　　编　　号:

类　别	产品名称及规格	产品编号	计量单位	数　量	单价/元	金额/元
库存商品	衬衫	JCP	件	1500	70.00	105000
合　计				1500		105000

销售部门负责人:　　　　发货人:　　　　提货人:　　　　制单:

原凭 13-2-1

开具红字增值税专用发票通知单

填开日期:2014 年 12 月 20 日　　　　№ 321010

销售方	名　称	天津滨海股份有限公司	购买方	名　称	天津达雅服装销售公司
	税务登记代码	1201117860653155		税务登记代码	1500098765543333

开具红字发票内容	货物(劳务)名称	单价	数量	金额	税额
	衬衫	100	5	500	85
	合计			500	85
说　明	需要作进项税额转出☑ 不需要作进项税额转出□ 纳税人识别号认证不符□ 专用发票代码、号码认证不符□ 对应蓝字专用发票密码区内打印的代码:__________ 号码:__________ 开具红字专用发票理由:产品瑕疵,部分退货				

经办人:　　　　负责人:　　　　主管税务机关名称(印章):天津市国家税务局

注:1. 本通知单一式三联:第一联,购买方主管税务机关留存;第二联,购买方送交销售方留存;第三联,购买方留存。

2. 通知单应与申请单一一对应。

3. 销售方应在开具红字专用发票后到主管税务机关进行核销。

原凭 13-2-2

天津增值税专用发票

发票联

№ 20095678

开票日期：2014 年 12 月 20 日

购货单位	名　　称：天津达雅服装销售公司 纳税人识别号：150009876554333 地 址 、电 话：天津市河北路 110 号　022-60268931 开户行及账户：工行天津市河北路支行　408-23894872			密码区	57/-3947/->59*<818<90 7>/0/433>2*3-0+672<7* 1+-<<51+41+>*>58*8460 7658765<56+*31/58>>01		
商品名称	规格型号	单位	数量	单价	金额	税率	税额
衬衫	VIP	件	-5	100.00	-500.00	17%	-85.00
合　计					¥ -500.00		¥ -85.00
价税合计（大写）	⊗伍佰捌拾伍元整（负数）				（小写）¥ -585.00		
销货单位	名　　称：天津滨海股份有限公司 纳税人识别号：120111786065315 5 地 址 、电 话：天津市开发区黄海路 109 号　022-85556666 开户行及账户：工行天津市滨海支行　201-3456789			备注	天津滨海股份有限公司 1201117860653155 发票专用章		

第二联 发票联 购货方记账凭证

纳税人：　　　　复核：　　　　开票人：刘钱　　　　销货单位（章）

注：退货款以现金支付。

原凭 13-2-3

销售退货入库单

购买单位：天津达雅服装销售公司　　　　　　　　运输方式：

收货地址：天津市河北路 110 号　　2014 年 12 月 20 日　　编　　号：

类　别	产品名称及规格	产品编号	计量单位	数　量	单价/元	金额/元
库存商品	衬衫	VIP	件	5	70.00	350.00
合　计				5		350.00

财务部门负责人：　　　　销售经办人：　　　　仓库经办：　　　　制单：

原凭 13－3－1

天津增值税专用发票

天津 发票联 国家税务总局监制

№ 20091231

开票日期：2014 年 12 月 20 日

购货单位	名　　称：唐山服装厂 纳税人识别号：2100345860653155 地 址 、电 话：河北省唐山市振兴路 1 号　0315－78785522 开户行及账户：工行唐山市振兴路分理处　201－3456789	密码区	97/-3947/->59-<818<90 9>/0/433>2-3-0+672<7* 8+-<<51+41+>/58*8460 4658865<56+*31/58>>00

商品名称	规格型号	单位	数量	单价	金额	税率	税额
棉布	pcl	米	2 000	60. 00	120 000. 00	17%	20 400. 00
合　计					￥120 000. 00		￥20 400. 00
价税合计（大写）	⊗壹拾肆万零肆佰元整				（小写）￥140 400. 00		

销货单位	名　　称：天津滨海股份有限公司 纳税人识别号：1201117860653155 地 址 、电 话：天津市开发区黄海路 109 号　022－85556666 开户行及账户：工行天津市滨海支行　201－3456789	备注	天津滨海股份有限公司 1201117860653155 发票专用章

纳税人：　　　　复核：　　　　开票人：　　　　销货单位（章）

第二联 发票联 购货方记账凭证

原凭 13－3－2

出 库 单

购买单位：唐山服装厂　　　　运输方式：

收货地址：河北省唐山市振兴路 1 号　　2014 年 12 月 20 日　　编　号：

类　别	产品名称及规格	产品编号	计量单位	数　量	单价/元	金额/元
原材料	棉布	pcl	米	2000	50. 00	100000. 00
合　计				2000		100000. 00

销售部门负责人：　　　　发货人：　　　　提货人：　　　　制单：

原凭 13-4-1

服装加工承揽合同

订做方：天津大通服装有限公司（以下简称甲方）

法定代表人：王政

地址、电话：天津市昆明路 456 号 022-25563258

开户行及账号：工行天津分行津东分理处 02-998905674821

承揽方：天津滨海股份有限公司（以下简称乙方）

地址、电话：天津市开发区黄海路 109 号 022-85556666

基本户开户行及账号：工行天津市滨海支行 201-3456789

依据《中华人民共和国合同法》及中华人民共和国其他相关的法律法规，甲乙双方经协商一致，签订本合同。

甲方委托乙方加工如下产品：

品名	规格	单位	数量	备注
夹克	DVP 型	件	2 000	

1. 甲方提供的原材料为：高级混毛纺布，数量为：3 000 米。提供时间为：2014 年 12 月 22 日。甲方将原材料交付乙方之次日前乙方应当进行检验，并将确认情况书面通知甲方。甲方提供的原材料确实存在缺陷或者不符合合同约定的，应当予以更换、补齐。

2. 甲方提供技术资料及图纸，并在本合同签订之日将技术资料及图纸交付乙方。

3. 乙方加工产品应当符合 GB/T 21295—2012 标准。

4. 本加工成品全部完工后，乙方通知甲方进行验收。甲方应当于收到乙方通知之日起 3 日内进行验收。验收以合同规定的质量要求、图纸和封存样品为标准，数量以合同规定为标准。

5. 乙方应于 2015 年 1 月 30 日将产品全部送至甲方仓库，地址为天津市昆明路 456 号。甲方如指定北京市以外的交付地点，应承担乙方因此而多支出的费用。

6. 任何一方如要求提前或延期交（提）货，必须事先与对方达成书面协议，并按协议执行。

7. 甲方应支付乙方的加工报酬为：每件 30 元（共计 60 000 元）。

8. 报酬的支付采取以下交货付款方式，甲方应于乙方送交完工产品时全额支付加工费用。

9. 包装要求及费用负担：由乙方负责包装，以加工产品不受损坏为准；包装费用由乙方承担。

10. 甲方提供材料的运输由甲方负责，运输费用由甲方承担；加工成品的运输由乙方负责，运输费用由甲方承担。

11. 违约责任：……

12. 本合同签订于天津市开发区，由双方授权代表签字，并加盖公司印章后生效。

甲　　方：天津大通服装有限公司　　　乙　　方：天津滨海股份有限公司

授权代表：王政　　　授权代表：张宏达

2014 年 12 月 21 日

原凭 13-4-2

受托加工产品成本记录单

委托单位：天津大通服装有限公司　　　　　　　　　　　　受托加工数量：2000件
收货地址：天津市昆明路456号　　　2014年12月31日　　　　编　　号：

产品名称及规格	费用项目	计量单位	计价单价/元	完工数量	分配金额/元	备注
夹克	人工	件	10	500	5000.00	
	制造费用	件	5	500	2500.00	
合　计					7500.00	

生产部门负责人：　　　车间统计：　　　仓库经办：　　　制单：

注：本单供受托加工产品车间生产统计，应于每月末编报。

原凭 13-4-3

受托加工产品完工记录单

委托单位：天津大通服装有限公司　　　　　　　　　　　　受托加工数量：2000件
收货地址：天津市昆明路456号　　　2014年12月31日　　　　编　　号：

类　别	产品名称及规格	产品编号	计量单位	数　量	单价/元	金额/元
库存商品	夹克	DVP	件	500	30.00	15000.00
合　计				500		15000.00

生产部门负责人：　　　车间统计：　　　仓库经办：　　　制单：

注：本单供受托加工产品统计完工产品之用，应于每月末编报。预计劳务结果能够可靠估计，公司劳务收入按完成工作量确认完工进度，确认劳务收入，同时结转劳务成本。

原凭 13-5

销售产品成本计算表

2014年12月　　　　　　　　　　　　元

产品名称	期初数量/件	本期入库数量/件	本期库存成本	本期销售数量	本期销售单位成本	本期销售成本
衬衫	1000	2000	210000			
合　计						

主管：　　　　　　　　会计：

注：为简化起见，本表直接根据出库单数量和单位成本计算填列（注意销售退回事项）。

原凭13-6

其他业务成本计算表

2014年12月　　元

其他业务成本项目	本期销售数量/千克	本期销售单位成本	本期销售成本
出售原材料（棉布）	2000	50	100000
合　计	2000	50	100000

主管：　　会计：

任务二　费用实训

案例 13-2　天津滨海股份有限公司销售费用、管理费用、财务费用等科目资料如下。

月初余额

销售费用、管理费用、财务费用等科目月初余额如账 13-7 至账 13-9 所示。

账 13-7

销售费用

2014年		记账凭证	摘要	广告费								包装费																								借方合计							
月	日			十	万	千	百	十	元	角	分	十	万	千	百	十	元	角	分	十	万	千	百	十	元	角	分	十	万	千	百	十	元	角	分	十	万	千	百	十	元	角	分
12	1		月初余额																																						0	0	0

账 13-8

管理费用

2014年		记账凭证	摘要	咨询费								业务招待费																								借方合计							
月	日			十	万	千	百	十	元	角	分	十	万	千	百	十	元	角	分	十	万	千	百	十	元	角	分	十	万	千	百	十	元	角	分	十	万	千	百	十	元	角	分
12	1		月初余额																																						0	0	0

账 13-9

财务费用

2014年		记账凭证	摘要	利息支出								利息收入（红字）								现金折扣																借方合计							
月	日			十	万	千	百	十	元	角	分	十	万	千	百	十	元	角	分	十	万	千	百	十	元	角	分	十	万	千	百	十	元	角	分	十	万	千	百	十	元	角	分
12	1		月初余额																																						0	0	0

业务原始凭证

费用业务 2014 年 12 月经济业务原始凭证如原凭 13-7-1 至原凭 13-12 所示。

实训要求

1. 准备记账凭证 6 张，多栏式通用明细账 3 张。
2. 根据业务原始凭证编制记账凭证。
3. 根据记账凭证登记销售费用、管理费用、财务费用多栏式明细账。

原凭 13-7-1

天津市服务业通用发票

(0911012323248)　　2014年12月02日　　№ 33576

客户名称	天津滨海股份有限公司			地址	天津市开发区黄海路109号							
项目	摘要	单位	数量	单价	金额							
					十	万	千	百	十	元	角	分
广告费						9	0	0	0	0	0	0
合计金额（大写）	玖万元整				¥	9	0	0	0	0	0	0
注：盖有发票专用章，否则报销无效。												
服务单位：	天津晚报社广告业务部			地址	天津市南开路128号							

第二联 发票联 购货方记账凭证

开票人：李静　　收款人：王河海　　收款单位（章）

原凭 13-7-2

中国工商银行 转账支票存根 10201232 17400867
附加信息
出票日期 2014年12月02日
收款人：天津晚报社广告业务部
金　额：90000.00元
用　途：广告费
单位主管　　会计

原凭 13-8

周转材料出库单

材料类别：包装物　　领用部门编号：302

领用部门：销售部门　　2014年12月04日　　发料部门编号：306

材料编号	名称及规格	计量单位	数量		金额/元	
			请领数	实发数	单价	总价
003	包装袋	个	500	500	3	1500
合计			¥1500			
用途	用于夹克外包装，销售不单独计价					

仓库主管：　　材料会计：　　领料员：和海　　经办人：金慧芳　　制单：

原凭 13-9-1

天津市服务业通用发票

(0933012323248)　　2014年12月15日　　№ 769022

客户名称	天津滨海股份有限公司			地址	天津市开发区黄海路109号							
项目	摘要	单位	数量	单价	金额							
					十	万	千	百	十	元	角	分
税务咨询费						5	0	0	0	0	0	0
合计金额（大写）	伍万元整				¥	5	0	0	0	0	0	0
注：盖有发票专用章，否则报销无效。												
服务单位	天津恒大税务师事务所			地址	天津市恒大路10号							

开票人：张欣　　收款人：金妙　　收款单位（章）

天津恒大税务师事务所 发票专用章

第三联 发票联 购货方记账凭证

原凭 13-9-2

中国工商银行 转账支票存根 10201232 17400868
附加信息
出票日期 2014年12月15日
收款人：天津恒大税务师事务所
金　额：50000.00元
用　途：税务咨询费
单位主管　　会计

原凭 13-10-1

天津市餐饮服务业发票

(0911012323248) 2014年12月15日 № 8810911

客户名称	天津滨海股份有限公司			地 址	天津市开发区黄海路109号						
项 目	摘 要	单 位	数 量	单 价	金额						
					万	千	百	十	元	角	分
餐饮费						3	0	0	0	0	0
合计金额（大写）	叁仟元整				¥	3	0	0	0	0	0
注：盖有发票专用章，否则报销无效。											
服务单位	天津状元楼酒店有限公司			地址	天津市汉唐路8号						

第三联 发票联 购货方记账凭证

（印章：天津状元楼酒店有限公司 发票专用章）

开票人：钱开复 收款人：金珠 收款单位（章）

注：计入业务招待费。

原凭 13-10-2

中国工商银行 转账支票存根 10201232 17400869
附加信息
出票日期 2014年12月15日
收款人：天津状元楼酒店有限公司
金 额：3000.00元
用 途：接待客户餐费
单位主管 会计

原凭 13-11-1

银行借款利息计算单

2014年12月30日

日 期	项 目	金额/元
2014年12月	工行天津分行经营借款	500000×6%÷12×1=2500
合 计	大写：贰仟伍佰元整	¥2500

财务负责人： 制单人：

原凭 13－11－2

中国工商银行计息单

2014 年 12 月 30 日

单位名称：天津滨海股份有限公司　　账号：201－3456789　　第 9384 号

项　目	摘　要		拾	万	仟	佰	拾	元	角	分
利息	短期借款利息				2	5	0	0	0	0
合计（大写）	贰仟伍佰元整	合计		¥	2	5	0	0	0	0

1. 上列款项已列收你单位账户。
2. 上列款项已收到你单位交来的现金。
3. 上列示项已列付你单位账户。√

（银行盖章）

中国工商银行天津市滨海支行 2014.12.30 业务 转讫

会计记账　付出：　收入：

出纳：　复核：　记账：　制单：

原凭 13－12

中国工商银行计息单

2014 年 12 月 31 日

单位名称：天津滨海股份有限公司　　账号：201－3456789　　第 9475 号

项　目	摘　要		拾	万	仟	佰	拾	元	角	分
存款利息	工行存款利息				1	4	3	2	5	7
合计（大写）	壹仟肆佰叁拾贰元伍角柒分	合计		¥	1	4	3	2	5	7

1. 上列款项已列收你单位账户。√
2. 上列款项已收到你单位交来的现金。
3. 上列示项已列付你单位账户。

（银行盖章）

中国工商银行天津市滨海支行 2014.12.31 业务 转讫

会计记账　付出：　收入：

出纳：　复核：　记账：　制单：

任务三　利润实训

案例13-3　天津滨海股份有限公司2014年12月31日损益类科目余额有关资料如下。

本年累计发生额

12月31日损益类科目总账累计发生额如账13-10至账13-24所示。

账13-10

主营业务收入

备注＿＿＿＿＿＿

2014年		记账凭证		摘要	页数	借方											√	贷方											√	借或贷	余额											√
月	日	字	号			亿	千	百	十	万	千	百	十	元	角	分		亿	千	百	十	万	千	百	十	元	角	分			亿	千	百	十	万	千	百	十	元	角	分	
12	31			本月累计发生额																1	0	7	6	7	5	0	0	0		贷			1	0	7	6	7	5	0	0	0	

账13-11

其他业务收入

备注＿＿＿＿＿＿

2014年		记账凭证		摘要	页数	借方											√	贷方											√	借或贷	余额											√
月	日	字	号			亿	千	百	十	万	千	百	十	元	角	分		亿	千	百	十	万	千	百	十	元	角	分			亿	千	百	十	万	千	百	十	元	角	分	
12	31			本月累计发生额																		3	2	8	0	0	0	0		贷					3	2	8	0	0	0	0	

账13-12

公允价值变动损益

备注＿＿＿＿＿＿

2014年		记账凭证		摘要	页数	借方											√	贷方											√	借或贷	余额											√
月	日	字	号			亿	千	百	十	万	千	百	十	元	角	分		亿	千	百	十	万	千	百	十	元	角	分			亿	千	百	十	万	千	百	十	元	角	分	
12	31			本月累计发生额																		2	9	6	0	0	0	0		贷					2	9	6	0	0	0	0	

账 13－13

投资收益

备注＿＿＿＿＿＿

2014年 月	日	记账凭证 字	号	摘要	页数	借方 亿千百十万千百十元角分	√	贷方 亿千百十万千百十元角分	√	借或贷	余额 亿千百十万千百十元角分	√
12	31			本月累计发生额				2517000		贷	2517000	

账 13－14

营业外收入

备注＿＿＿＿＿＿

2014年 月	日	记账凭证 字	号	摘要	页数	借方 亿千百十万千百十元角分	√	贷方 亿千百十万千百十元角分	√	借或贷	余额 亿千百十万千百十元角分	√
12	31			本年累计				1046000		贷	1046000	

账 13－15

主营业务成本

备注＿＿＿＿＿＿

2014年 月	日	记账凭证 字	号	摘要	页数	借方 亿千百十万千百十元角分	√	贷方 亿千百十万千百十元角分	√	借或贷	余额 亿千百十万千百十元角分	√
12	31			本年累计		69064000				借	69064000	

账 13－16

其他业务成本

备注＿＿＿＿＿＿

2014年 月	日	记账凭证 字	号	摘要	页数	借方 亿千百十万千百十元角分	√	贷方 亿千百十万千百十元角分	√	借或贷	余额 亿千百十万千百十元角分	√
12	31			本年累计		2240000				借	2240000	

账 13－17

营业税金及附加

备注

2014年 月	日	记账凭证 字	号	摘要	页数	借方（亿千百十万千百十元角分）	√	贷方（亿千百十万千百十元角分）	√	借或贷	余额（亿千百十万千百十元角分）	√
12	31			本年累计		2544000				借	2544000	

账 13－18

销售费用

备注

2014年 月	日	记账凭证 字	号	摘要	页数	借方（亿千百十万千百十元角分）	√	贷方（亿千百十万千百十元角分）	√	借或贷	余额（亿千百十万千百十元角分）	√
12	31			本年累计		9771000				借	9771000	

账 13－19

管理费用

备注

2014年 月	日	记账凭证 字	号	摘要	页数	借方（亿千百十万千百十元角分）	√	贷方（亿千百十万千百十元角分）	√	借或贷	余额（亿千百十万千百十元角分）	√
12	31			本年累计		7997000				借	7997000	

账 13－20

财务费用

备注

2014年 月	日	记账凭证 字	号	摘要	页数	借方（亿千百十万千百十元角分）	√	贷方（亿千百十万千百十元角分）	√	借或贷	余额（亿千百十万千百十元角分）	√
12	31			本年累计		4509000				借	4509000	

账 13－21

资产减值损失

备注

2014年		记账凭证		摘要	页数	借方											√	贷方											√	借或贷	余额											√
月	日	字	号			亿	千	百	十	万	千	百	十	元	角	分		亿	千	百	十	万	千	百	十	元	角	分			亿	千	百	十	万	千	百	十	元	角	分	
12	31			本年累计							1	0	9	0	0	0														借						1	0	9	0	0	0	

账 13－22

营业外支出

备注

2014年		记账凭证		摘要	页数	借方											√	贷方											√	借或贷	余额											√
月	日	字	号			亿	千	百	十	万	千	百	十	元	角	分		亿	千	百	十	万	千	百	十	元	角	分			亿	千	百	十	万	千	百	十	元	角	分	
12	31			本年累计							1	6	1	0	0	0														借						1	6	1	0	0	0	

注：营业外支出为固定资产处置净损失，无纳税调整事项。

账 13－23

所得税

备注

2014年		记账凭证		摘要	页数	借方											√	贷方											√	借或贷	余额											√
月	日	字	号			亿	千	百	十	万	千	百	十	元	角	分		亿	千	百	十	万	千	百	十	元	角	分			亿	千	百	十	万	千	百	十	元	角	分	
12	31			本年累计																										平									0	0	0	

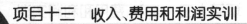

账 13－24

本年利润

备注

2014年		记账凭证		摘要	页数	借方											√	贷方											√	借或贷	余额											√
月	日	字	号			亿	千	百	十	万	千	百	十	元	角	分		亿	千	百	十	万	千	百	十	元	角	分			亿	千	百	十	万	千	百	十	元	角	分	
12	31			期初余额																										平			1	0	0	0	0	0	0	0	0	

业务原始凭证

1. 根据2014年12月31日损益类总账科目累计发生额编制的月末结转计算单格式如原凭13－13和原凭13－14所示。

2. 企业所得税税率25%。

实训要求

1. 准备记账凭证7张，三栏式总账账页15张。

2. 根据2014年12月31日损益类总账科目累计发生额，编制月末结转计算单，并分别编制收益类科目结转记账凭证、支出类科目结转记账凭证。

3. 根据记账凭证登记各损益类总账并做好月末结转。

4. 计算2014年12月营业利润、利润总额。

5. 以利润总额为基数计算2014年度公司应交的企业所得税额。

6. 计算2014年12月净利润。

7. 结转本年利润科目。

原凭 13-13

收益类科目月末结转计算单

编制日期：　　年　月　日　　　　元

科 目 名 称	金额方向	结账前金额	结 转 科 目
主营业务收入			
其他业务收入			
公允价值变动损益			
投资收益			
营业外收入			
合　计			

会计主管：　　　　记账：　　　　制单：

原凭 13-14

支出类科目月末结转计算单

编制日期：　　年　月　日　　　　元

科 目 名 称	金额方向	结账前金额	结 转 科 目
主营业务成本			
其他业务成本			
营业税金及附加			
销售费用			
管理费用			
财务费用			
资产减值损失			
营业外支出			
合　计			

会计主管：　　　　记账：　　　　制单：

任务四 企业所得税实训

案例 13-4 天津滨海股份有限公司企业所得税有关资料如下。

公司企业所得税采取资产负债表债务法核算，年终根据报表及有关资料进行所谓税汇算清缴会计处理。

2014 年 12 月 31 日递延所得税资产、递延所得税负债科目期初余额如账 13-25 和账13-26 所示。

账 13-25

递延所得税资产

备注________

2014年		记账凭证		摘要	页数	借方											√	贷方											√	借或贷	余额											√
月	日	字	号			亿	千	百	十	万	千	百	十	元	角	分		亿	千	百	十	万	千	百	十	元	角	分			亿	千	百	十	万	千	百	十	元	角	分	
12	1			期初余额																										借							6	0	0	0	0	

账 13-26

递延所得税负债

备注________

2014年		记账凭证		摘要	页数	借方											√	贷方											√	借或贷	余额											√
月	日	字	号			亿	千	百	十	万	千	百	十	元	角	分		亿	千	百	十	万	千	百	十	元	角	分			亿	千	百	十	万	千	百	十	元	角	分	
12	1			期初余额																										贷					2	3	0	0	0	0	0	

2014 年度计算所得税相关利润项目如原凭 13-15 所示，资产负债表与递延所得税相关项目资料如原凭 13-16 所示。

企业所得税税率 25%，汇算清缴前已预缴所得税 400 000 元。除“公允价值变动损益”、“资产减值损失”、“管理费用”等科目外，没有其他纳税调整事项；公司没有税收优惠政策，未发生不征税收入、免税收入等。

原凭 13-15

2014 年利润项目汇总表

元

项　目	金　额	备　注
主营业务收入	10 767 500.00	
其他业务收入	328 000.00	
公允价值变动损益（收益）	296 000.00	以前年度没有公允价值变动损益
投资收益（收益）	251 700.00	
营业外收入	104 600.00	
主营业务成本	690 640.00	
其他业务成本	224 000.00	
营业税金及附加	254 400.00	
销售费用	977 100.00	
管理费用	799 700.00	其中业务招待费支出金额 83 600 元
财务费用	450 900.00	
资产减值损失	10 900.00	以前年度无资产减值事项，本年为计提的存货跌价准备 10 900元
营业外支出	16 100.00	为固定资产处置净损失，无纳税调整事项

原凭 13-16

2014 年资产负债表递延项目表

编制单位：天津滨海股份有限公司　　　　元

项　目	账面价值	计税基础	暂时性差异	
			应纳税	可抵扣
交易性金融资产	666 000	370 000		
其中：成本	370 000			
公允价值变动	296 000			
存货	3 002 780	3 013 680		
其中：成本	3 013 680			
存货跌价准备	10 900			
总　计				

会计主管：　　　　制单：

实训要求

1. 准备记账凭证 3 张，三栏式明细账 4 张。

2. 根据任务 3 列示的 2014 年损益类项目全年累计发生额，计算 2014 年度营业利润、利润总额，采用资产负债表债务法核算企业所得税，编制资产负债表递延项目表，并计算 2014 年应补交的企业所得税额和需要调整的所得税费用。

3. 结转本年利润。

项目十四

财务会计报告实训

实训目标

- 能够正确编制科目余额表。
- 能够正确编制资产负债表。
- 能够正确编制利润表。
- 能够正确编制现金流量表。
- 能够正确编制所有者权益变动表。
- 能够运用会计信息为企业服务。

任务一　资产负债表实训

案例 14-1　天津滨海股份有限公司资产负债表有关资料如下。

期初余额

2014 年 11 月 30 日科目余额表如表 14-1 所示。

表 14-1　天津滨海股份有限公司 2014 年 11 月 30 日科目余额表　　元

科目名称	借方余额	科目名称	贷方余额
库存现金	2 480.00	短期借款	400 000.00
银行存款	1 304 000.00	应付票据	200 000.00
其他货币资金	134 400.00	应付账款	608 000.00
交易性金融资产	22 400.00	其他应付款	52 000.00
应收票据	64 000.00	应付职工薪酬	40 800.00
应收账款	320 000.00	应交税费	32 640.00
坏账准备——应收账款	-6 400.00	应付利息	9 600.00
预付账款	52 000.00	长期借款	1 440 000.00
其他应收款	3 600.00	其中:一年内到期的长期借款	680 000.00
材料采购	96 000.00	股本	3 360 000.00
原材料	72 960.00	资本公积	186 640.00
周转材料	64 000.00	盈余公积	120 000.00

（续表）

科目名称	借方余额	科目名称	贷方余额
库存商品	48 000.00	利润分配——未分配利润	72 000.00
材料成本差异	2 800.00		
存货跌价准备	-5 200.00		
长期股权投资	240 000.00		
长期股权投资减值准备	-4 560.00		
固定资产	2 479 200.00		
累计折旧	-480 000.00		
固定资产减值准备	-152 000.00		
在建工程	1 280 000.00		
无形资产	768 000.00		
长期待摊费用	216 000.00		
合　计	6 521 680.00	合　计	6 521 680.00

单位负责人：　　　　财务负责人：　　　　制表人：

其他资料

天津滨海股份有限公司为增值税一般纳税人，增值税税率为17%；所得税税率为25%；原材料采用计划成本法核算，入库时计算入库材料成本差异，领用时结转发出材料成本差异；周转材料采用计划成本法核算，于领用时一次摊销并结转材料成本差异；只对应收账款计提坏账准备。

2014年12月发生的经济业务如下。

1）1日，从银行提取现金1 600元。

2）1日，购入原材料一批，材料价款160 000元，增值税27 200元，共计金额187 200元，材料款以银行存款支付，材料尚未到达。

3）2日，收到原材料一批，实际成本96 000元，计划成本92 000元，材料已验收入库，货款已于上月支付。

4）3日，收到银行通知，用银行存款支付到期的商业承兑汇票120 000元，偿还应付账款68 000元。

5）3日，以银行存款支付上月未交增值税款32 640元。

6）4日，企业为构建固定资产从银行借入4年期借款640 000元，借款已存入银行。

7）7日，为构建厂房购入工程物资一批，价款104 000元，增值税17 680元，款项已用银行存款支付。

8）8日，销售产品一批，销售价款320 000元，应收取增值税54 400元，产品已发出，价款尚未收到，符合收入确认条件。

9）10日，销售产品一批，价款800 000元，应收取增值税136 000元，货款已收妥存入银行，符合收入确认的条件。

10）10日，公司出售一台不需用设备，收到价款320 000元，设备原价640 000元，已提折旧208 000元，已提减值准备80 000元，设备已交付给购入单位，相关法律手续办理完毕。

11）11日，归还短期借款本金160 000元，利息8 000元，共计168 000元。借款利息已预提。

12）11日，用银行存款支付产品广告费10 400元。

13）14日，用银行汇票支付采购材料价款，公司收到开户银行转来的银行汇票多余款收账通知，通知上所填多余款为1 204元，购入材料取得专用发票上注明的价款为98 800元，增值税额为16 796元，材料已验收入库，该批材料的计划价格为99 040元。

14）8日，基本生产车间领用原材料，计划成本240 000元；领用低值易耗品，计划成本48 000元，采用一次摊销法摊销。综合材料成本差异率为2%。

15）16日，分配应支付的职工工资729 600元（包括在建工程人员工资228 000元），其中，生产人员工资456 000元，车间管理人员工资9 120元，行政管理人员工资36 480元。

16）16日，用银行存款支付职工工资729 600元，其中包括支付给在建工程人员的工资228 000元。

17）17日，公司采用银行承兑汇票结算方式销售产品一批，价款240 000元，增值税额40 800元，收到280 800元的不带息银行承兑汇票一张。

18）18日，提取现金52 080元，以备支付招待费。

19）18日，支付招待费。

20）21日，提取短期借款利息17 600元。

21）21日，计算长期借款利息，共计136 400元，其中，工程应负担的长期借款利息128 000元，应计入本期损益的长期借款利息为8 400元，该项借款利息分期支付。

22）22日，基本生产车间盘亏一台设备，原价224 000元，已提折旧180 000元，已提减值20 000元。

23）23日，购买办公用品支付现金800元。

24）23日，收到一项长期股权投资的现金股利32 000元，存入银行。该项投资按成本法核算，对方公司的所得税税率与本公司一致，均为25%。

25）24日，偿还长期借款本金680 000元。

26）24日，收回应收账款288 000元，存入银行。

27）25日，在建工程中发生其他应付款100 000元。

28）25日，计提固定资产折旧164 800元，其中，应计入制造费用140 000元，应计入管理费用24 800元。

29）25日，摊销无形资产64 000元。

30）25日，17日银行承兑汇票和上年销售商品所收到的一张面值为64 000元的商业承兑到期，委托银行收款，收到银行盖章退回的进账单回单联，款项银行已收妥。

31）28日，在建工程完工，交付生产使用，已办理完竣工手续，固定资产价值1 200 000元。

32）28日，将盘亏的固定资产24 000元损失转为营业外支出。

33）29日，计算本期产品销售应缴纳的城市维护建设税13 104.28元，教育费附加5 616.12元。

34）29日，用银行存款缴纳本期增值税款96 000元及本期的城市维护建设税13 104.28元，教育费附加5 616.12元。

35）30日，计算并结转本期制造费用198 080元，完工产品成本898 880元。没有期初在产品，本期生产的产品全部完工入库。

36）30日，结转本期已销售产品的主营业务成本720 000元。

37）31日，对应收账款计提坏账准备5 648元。

38）31日，计提存货跌价准备8 952元。

39）31日，计提固定资产减值准备16 000元。

40）31日，假设本例中，除计提各项减值30 600元造成账面价值与计税基础存在差异外，不考虑其他项目对所得税费用的影响，企业按照税法规定计算确定的应交所得税为56 110元，递延所得税资产为7 650元。

41）31日，结转本期各项收益、费用（损失）和“本年利润”科目的余额。

42）31日，用银行存款预交所得税40 000元。

43）31日，按净利润（303 659.6元）的10%提取法定盈余公积；分配普通股现金股利64 916元。

44）31日，将利润分配各明细科目的余额转入“未分配利润”明细科目，结转本年利润。

实训要求

1. 编制2014年12月科目余额表，填入表14-2中。
2. 编制2014年12月资产负债表，填入表14-3中。

表14-2　天津滨海股份有限公司2014年12月31日科目余额表　元

科目名称	借方余额	科目名称	贷方余额
库存现金		短期借款	
银行存款		应付票据	
其他货币资金		应付账款	
交易性金融资产		其他应付款	
应收票据		应付职工薪酬	
应收账款		应付股利	
坏账准备——应收账款		应交税费	
预付账款		应付利息	
其他应收款		长期借款	
材料采购		其中：一年内到期的长期借款	
原材料		递延所得税负债	
周转材料		股本	
库存商品		资本公积	
材料成本差异		盈余公积	
存货跌价准备		利润分配——未分配利润	
长期股权投资			
长期股权投资减值准备			
固定资产			
累计折旧			
固定资产减值准备			
工程物资			
在建工程			
无形资产			
长期待摊费用			
累计摊销			
递延所得税资产			
合　计		合　计	

单位负责人：　　　　财务负责人：　　　　制表人：

表 14-3　资产负债表

会企 01 表

编制单位：天津滨海股份有限公司　　　　2014 年 12 月 31 日　　　　元

资　产	期末余额	期初余额	负债和所有者权益	期末余额	期初余额
流动资产：			流动负债：		
货币资金			短期借款		
交易性金融资产			交易性金融负债		
应收票据			应付票据		
应收账款			应付账款		
预付账款			预收账款		
应收利息			应付职工薪酬		
应收股利			应交税费		
其他应收款			应付利息		
存货			应付股利		
一年内到期的非流动资产			其他应付款		
其他流动资产			一年内到期的非流动负债		
流动资产合计			其他流动负债		
非流动资产：			流动负债合计		
可供出售金融资产			非流动负债：		
持有至到期投资			长期借款		
长期应收款			应付债券		
长期股权投资			长期应付款		
投资性房地产			专项应付款		
固定资产			预计负债		
在建工程			递延所得税负债		
工程物资			其他非流动负债		
固定资产清理			非流动负债合计		
生产性生物资产			负债合计		
油气资产			所有者权益（或股东权益）：		
无形资产			实收资本（或股本）		
开发支出			资本公积		
商誉			减：库存股		
长期待摊费用			盈余公积		
递延所得税资产			未分配利润		
其他非流动资产			所有者权益（或股东权益）合计		
非流动资产合计					
资产总计			负债和所有者权益（或股东权益总计）		

单位负责人：　　　　财务负责人：　　　　制表人：

任务二　利润表实训

案例 14-2　天津滨海股份有限公司利润表有关资料如下。

期初余额

2014 年 11 月 30 日科目余额表如表 14-1 所示。

其他资料

天津滨海股份有限公司为增值税一般纳税人，增值税税率为 17%；所得税税率为 25%；原材料采用计划成本法核算，入库时计算入库材料成本差异，领用时结转发出材料成本差异；周转材料采用计划成本法核算，于领用时一次摊销并结转材料成本差异；只对应收账款计提坏账准备。

2014 年 12 月业务见案例 14-1。

实训要求

编制 2014 年 12 月利润表，填入表 14-4 中。

表 14-4　利润表

会企 02 表

编制单位:天津滨海股份有限公司　　　　2014 年 12 月　　　　元

项　目	本期金额	上期金额
一、营业收入		
减:营业成本		
营业税金及附加		
减:销售费用		
管理费用		
财务费用		
资产减值损失		
加:公允价值变动收益(损失以"-"号填列)		
投资收益(损失以"-"号填列)		
其中:对联营企业和合营企业的投资收益		
二、营业利润(损失以"-"号填列)		
加:营业外收入		
减:营业外支出		
其中:非流动资产处置损失		
三、利润总额(亏损总额以"-"号填列)		
减:所得税费用		
四、净利润(净亏损以"-"号填列)		
五、每股收益		
(一)基本每股收益		
(二)稀释每股收益		

单位负责人:　　　　财务负责人:　　　　制表人:

任务三　现金流量表实训

案例 14-3　天津滨海股份有限公司利润表有关资料如下。

期初余额

2014 年 11 月 30 日科目余额表如表 14-1 所示。
2014 年 12 月业务见案例 14-1。

实训要求

1. 编制 2014 年 12 月现金流量表,填入表 14-5 中。
2. 填写 2014 年 12 月现金流量表补充资料,填入表 14-6 中。

表 14-5　现金流量表

会企 03 表

编制单位：天津滨海股份有限公司　　　　2014 年 12 月　　　　元

项　目		本期金额	上期金额
一、	经营活动产生的现金流量		
	销售商品、提供劳务收到的现金		
	收到的税费返还		
	收到的其他与经营活动有关的现金		
	现金流入小计		
	购买商品、接受劳务支付的现金		
	支付给职工及为职工支付的现金		
	支付的各项税费		
	支付的其他与经营活动有关的现金		
	现金流出小计		
	经营活动产生的现金流量净额		
二、	投资活动产生的现金流量		
	收回投资所收到的现金		
	取得投资收益所收到的现金		
	处置固定资产、无形资产和其他长期资产所收回的现金净额		
	处置子公司及其他营业单位收到的现金净额		
	收到的其他与投资活动有关的现金		
	现金流入小计		
	购建固定资产、无形资产和其他长期资产所支付的现金		
	投资所支付的现金		
	取得子公司及其他营业单位支付的现金净额		
	支付的其他与投资活动有关的现金		
	现金流出小计		
	投资活动产生的现金流量净额		
三、	筹资活动产生的现金流量		
	吸收投资所收到的现金		
	其中：子公司吸收少数股东权益性投资收到的现金		
	取得借款收到的现金		
	收到的其他与筹资活动有关的现金		
	现金流入小计		
	偿还债务所支付的现金		
	分配股利、利润或偿付利息所支付的现金		
	其中：子公司支付少数股东的股利		
	支付的其他与筹资活动有关的现金		
	现金流出小计		

（续表）

项　目		本期金额	上期金额
	筹资活动产生的现金流量净额		
四、	汇率变动对现金的影响		
五、	现金及现金等价物净增加额		
	加:期初现金及现金等价物余额		
六、	期末现金及现金等价物余额		

单位负责人：　　　　　　　　财务负责人：　　　　　　　　制表人：

表 14-6　现金流量表补充资料

元

补 充 资 料	本期金额	上期金额
1. 将净利润调节为经营活动现金流量		
净利润		
加:计提的资产减值准备		
固定资产折旧、油气资产折耗、生产性生物资产折旧		
无形资产摊销		
长期待摊费用摊销		
处置固定资产、无形资产和其他长期资产的损失(减:收益)		
固定资产报废损失(减:收益)		
公允价值变动损失(减:收益)		
财务费用(减:收益)		
投资损失(减:收益)		
递延所得税资产减少(减:增加)		
递延所得税负债增加(减:减少)		
存货的减少(减:增加)		
经营性应收项目的减少(减:增加)		
经营性应付项目的增加(减:减少)		
其他		
经营活动产生的现金流量净额		
2. 不涉及现金收支的重大投资和筹资活动		
债务转为资本		
一年内到期的可转换公司债券		
融资租入固定资产		
3. 现金及现金等价物净变动情况		
现金的期末余额		
减:现金的期初余额		
加:现金等价物的期末余额		
减:现金等价物的期初余额		
现金及现金等价物净增加额		

单位负责人：　　　　　　　　财务负责人：　　　　　　　　制表人：

任务四　所有者权益变动表实训

案例 14-4　天津滨海股份有限公司利润表有关资料如下。

期初余额

2014 年 11 月 30 日科目余额表如表 14-1 所示。

2014 年 12 月业务见案例 14-1。

实训要求

编制 2014 年 12 月所有者权益变动表,填入表 14-7 中。

表 14－7　所有者权益变动表

会企 04 表

编制单位：天津滨海股份有限公司　　2014 年 12 月　　元

项　目	本年金额						上年金额					
	实收资本（或股本）	资本公积	减：库存股	盈余公积	未分配利润	所有者权益合计	实收资本（或股本）	资本公积	减：库存股	盈余公积	未分配利润	所有者权益合计
一、上年年末余额												
加：会计政策变更												
前期差错更正												
二、本年年初余额												
三、本年增减变动金额（减少以“－”号填列）												
（一）净利润												
（二）直接计入所有者权益的利得和损失												
1. 可供出售金融资产公允价值变动净额												
2. 权益法下被投资单位其他所有者权益变动的影响												
3. 与计入所有者权益项目相关的所得税影响												
4. 其他												
上述（一）和（二）小计												
（三）所有者投入和减少资本												
1. 所有者投入资本												
2. 股份支付计入所有者权益的金额												
3. 其他												
（四）利润分配												
1. 提取盈余公积												
2. 对所有者（或股东）的分配												
3. 其他												

（续表）

项 目	本年金额						上年金额					
	实收资本（或股本）	资本公积	减：库存股	盈余公积	未分配利润	所有者权益合计	实收资本（或股本）	资本公积	减：库存股	盈余公积	未分配利润	所有者权益合计
（五）所有者权益内部结转												
1. 资本公积转增资本（或股本）												
2. 盈余公积转增资本（或股本）												
3. 盈余公积弥补亏损												
4. 其他												
四、本年年末余额												

单位负责人： 财务负责人： 制表人：

参 考 文 献

[1] 中华人民共和国财政部. 企业会计准则2006[M]. 北京:经济科学出版社,2006.

[2] 中华人民共和国财政部. 企业会计准则——应用指南2006[M]. 北京:中国财政经济出版社,2006.

[3] 企业会计准则编审委员会. 企业会计准则——应用指南[M]. 上海: 立信会计出版社,2006.

[4] 财政部会计司. 企业会计准则讲解[M]. 北京:人民出版社,2007.

[5] 中国注册会计师协会. 会计[M]. 北京:中国财政经济出版社,2014.

[7] 中国注册会计师协会. 税法[M]. 北京:经济科学出版社,2014.

[8] 赵宇. 新编企业出纳实务[M]. 南京:南京大学出版社,2011.

[9] 孙一玲. 企业会计综合实训[M]. 上海:立信会计出版社,2013.

[10] 裴淑红. 财务会计综合实训[M]. 北京:中国市场出版社,2013.

尊敬的老师：

您好。

请您认真、完全地填写以下表格的内容(务必填写每一项)，索取相关图书的教学资源。

教学资源索取表

书 名				作者名	
姓 名		所在学校			
职 称		职 务		讲授课程	
联系方式	电话：		E-mail：		
地址（含邮编）					
贵校已购本教材的数量(本)					
所需教学资源					
系／院主任姓名					

系／院主任：____________________（签字）

（系／院办公室公章）

20_____年____月____日

注意：

① 本配套教学资源仅向购买了相关教材的学校老师免费提供。

② 请任课老师认真填写以上信息，并**请系／院加盖公章**，然后传真到(010)80115555转718438上索取配套教学资源。也可将加盖公章的文件扫描后，发送到fservice@126.com上索取教学资源。

電子工業出版社
PUBLISHING HOUSE OF ELECTRONICS INDUSTRY